पशु

पुराणों से पशु-पक्षियों की रोचक कथाएँ

देवदत्त पट्टनायक

लेखक द्वारा चित्रांकन

राजपाल

अनुवाद

नीलाभ

स्थापित 1912
100 वर्षों की
श्रेष्ठ प्रकाशन परम्परा
राजपाल

₹ 299

ISBN : 9789350643686

पहला संस्करण : 2015, चौथा संस्करण : 2025

PASHU (Mythology) by Devdutt Pattanaik

(Hindi translation of *Pashu: Animal Tales from Hindu Mythology*)

मुद्रक : जी.एस. ऑफसेट, दिल्ली

राजपाल एण्ड सन्ज़

1590, मदरसा रोड, कश्मीरी गेट, दिल्ली-110006

फोन : 011-23869812, 23865483, 23867791

website : www.rajpalpublishing.com

e-mail : sales@rajpalpublishing.com

www.facebook.com/rajpalandsons

उन सब के लिए जो पंखों, शल्कों,
नखों और पंजों के लिए ललकते हैं

संस्कृत में पशु का मतलब जानवर या जीव होता है। हिन्दू पौराणिक कथाओं में पशुओं का बड़ा महत्त्व है। उनके बिना देवताओं, असुरों, मानवों और ऋषियों की कहानियाँ अधूरी हैं। प्राचीन इतिहास, जिन्हें पुराण कहते हैं, यह उद्घाटित करते हैं कि सभी जानवरों का पिता एक ही था– ब्रह्मा का पुत्र, कश्यप– लेकिन उन सभी की माताएँ अलग–अलग थीं।

तिमि ने उन जीवों को जन्म दिया जो तैरते हैं

विनता ने उन जीवों को जन्म दिया
जो उड़ते हैं

कद्रु ने उन जीवों को जन्म दिया जो रेंगते हैं

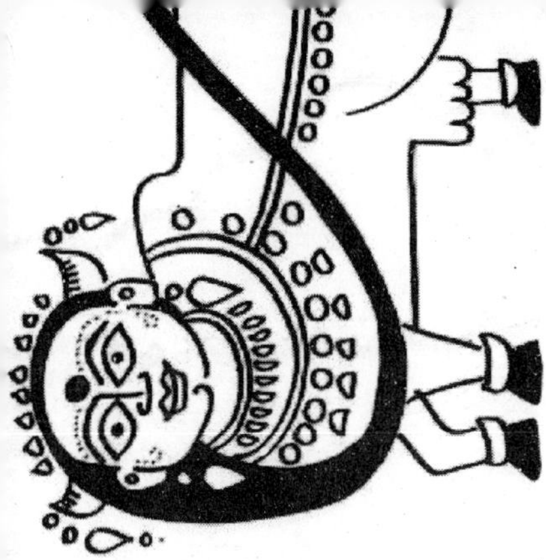

सुरभि ने उन जीवों को जन्म
दिया जिनके खुर होते हैं

सरमा ने उन जीवों को जन्म
दिया जिनके पंजे होते हैं

सुरसा ने उन जीवों को जन्म
दिया जो अलग तरह के होते हैं

यह पुस्तक उनकी कथाएँ फिर से सुनाती है।

लेकिन शुरू करने से पहले
यह ध्यान रहे कि.......

अनन्त पुराणों में छिपा है सनातन सत्य,
इसे पूर्णतः किसने देखा है?
वरुण के हैं नयन हज़ार,
इन्द्र के सौ,
आपके मेरे केवल दो!

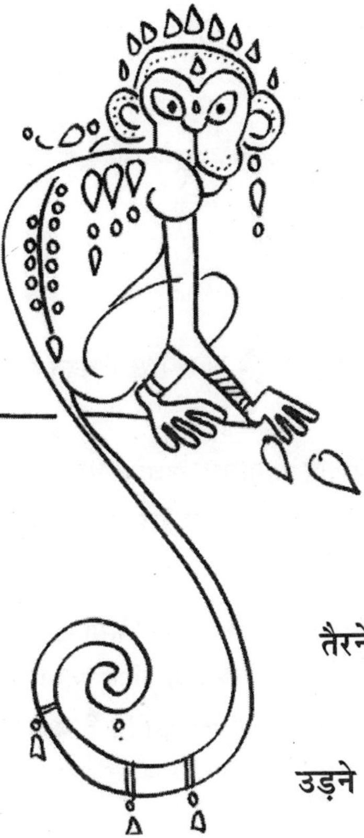

क्रम

अनुवादक की ओर से

अंग्रेज़ी से हिन्दी में अनूदित इस पुस्तक को पढ़ते समय पाठकों से निवेदन है कि निम्न बातों का ध्यान रखें—

इस पुस्तक की विषयवस्तु प्राचीन भारतीय पौराणिक गाथाओं के एक सुपरिचित विषय से सम्बन्धित है, इसकी प्रस्तुति, कहीं-कहीं इसकी व्याख्या आधुनिक एवं समकालीन सन्दर्भों में की गयी है।

लेखक की व्याख्या विषय की परम्परागत समझ को न तो किसी तरह से कम करती है और न ही उससे दूर ले जाती है। इस विषय के प्रति लोगों में आदर या श्रद्धा की भावना है, लेखक की व्याख्या उसे भी अभ्यारोपण से कम नहीं करती है/न किसी भी तरीके से विषय के सम्मान और महत्त्व को दूसरों की समझ से कमतर आँकती है।

यह पुस्तक मूलत: अंग्रेज़ी में लिखी गयी थी और हिन्दी में अनूदित करने की अपनी चुनौतियाँ थीं क्योंकि मूल अंग्रेज़ी में प्रयुक्त कुछ शब्दों के सटीक और समकक्ष हिन्दी शब्द नहीं हैं। ऐसी स्थिति में एक शब्द की व्याख्या एक वाक्यांश या संक्षिप्त वर्णन से की गयी है। यह पुस्तक उन पाठकों के लिए उपयोगी है जो विषय से बहुत परिचित नहीं हैं। लेकिन जो पाठक इस पुस्तक की विषयवस्तु से सुपरिचित हैं उनके लिए इस तरह का वर्णन अनावश्यक हो सकता है। पाठकों से निवेदन है कि पढ़ते समय इस बात को ध्यान में रखें।

अध्याय 1

पशु-पक्षियों की उत्पत्ति

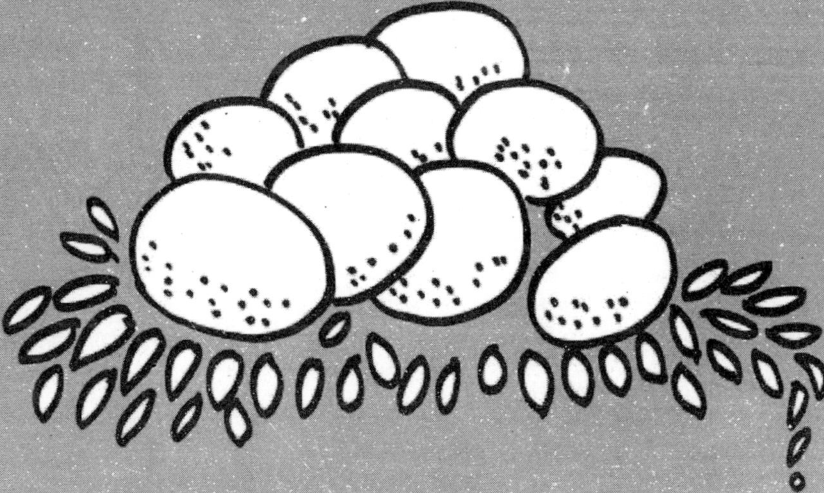

ब्रह्माण्ड के स्रष्टा ब्रह्मा के कश्यप नाम के एक पुत्र थे। कश्यप की कई पत्नियाँ थीं, जिन्होंने कश्यप को अनेक प्रकार की सन्ततियाँ प्रदान की थीं। अदिति ने देवों को जन्म दिया था, जो आकाश में रहते थे। दिति ने दैत्यों या असुरों को जन्म दिया, जो धरती के नीचे निवास करते थे। कद्रु ने नागों, रेंगने वाले साँपों और ज़मीन और पेड़ों पर सरकने वाले कीड़ों को जन्म दिया।

विनता ने गरुड़ों, पक्षियों और हवा में उड़ने वाले कीटों को पैदा किया। सरमा ने सभी जंगली जानवरों को जन्म दिया जिनके पंजे होते थे और सुरभि ने खुर वाले भले जीवों को। तिमि ने सारी मछलियों को जन्म दिया और सुरसा ने दानवों को। इस तरह, सभी देवताओं, दैत्यों, जीवों और मनुष्यों का भी पूर्वज एक ही है – कश्यप।

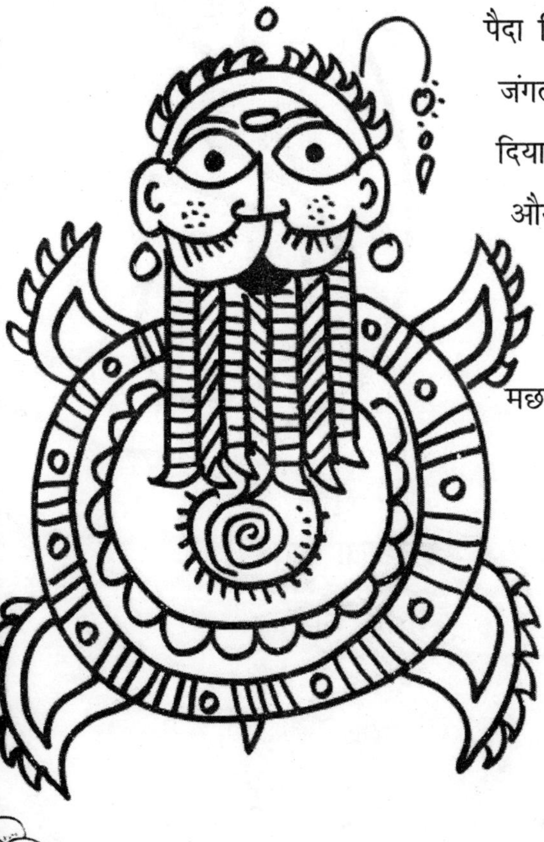

वे उसे प्रजापति भी कहते हैं– सभी प्राणियों का पिता। उसकी कथा पुराणों में वर्णित है, उन पुस्तकों में जो कम-से-कम 2000 साल पुरानी हैं।

पशुओं का जन्म कैसे हुआ, इसके बारे में दूसरे सिद्धान्त भी हैं। कुछ आरम्भिक ग्रन्थों में मिलते हैं, जबकि कुछ को कभी लिखा नहीं गया, बल्कि मौखिक रूप से ज्योतिषियों और कथा-वाचकों द्वारा एक पीढ़ी से दूसरी पीढ़ी को सौंपा जाता रहा है।

ब्रह्मा और शतरूपा

पहले पुरुष ब्रह्मा ने पहली स्त्री शतरूपा को देखा और उस पर मोहित हो गये। उन्होंने उसे छूने की कोशिश की। वह हँसी और भाग खड़ी हुई। उन्होंने उसका पीछा किया। पकड़े जाने से बचने के लिए शतरूपा एक हिरनी में बदल गयी। उसे पकड़ने के लिए वे एक हिरन बन गये। फिर वह घोड़ी बन गयी। वे घोड़ा बन गये। वह गाय बन गयी। ब्रह्मा ने वृषभ का रूप ले लिया, वह हंसिनी बन गयी और हवा में उड़ गयी। वे हंस के रूप में उसके पीछे-पीछे उड़ चले। हर बार जब शतरूपा ने किसी मादा का रूप लिया, ब्रह्मा ने उसके जोड़ीदार नर का रूप ले लिया। यह सिलसिला करोड़ों वर्षों तक चलता रहा। इस तरह, कालान्तर में, सभी तरह के जीव-जन्तुओं ने अस्तित्व ग्रहण किया—चींटियों और हाथियों से लेकर बिल्लियों और कुत्तों तक। ऐसा कहते हैं उपनिषद् जो लगभग तीन हज़ार साल पहले ऋषियों-मुनियों के बीच हुए वार्तालाप हैं।

देवता संसार में एक जगह से दूसरी जगह जानवरों पर सवार होकर यात्रा करते हैं। उनकी पताकाओं पर भी उन पशुओं के चिह्न अंकित होते हैं जिन पर वे सवारी करते हैं। शिव हर जगह अपने बैल पर सवार होकर जाते हैं जिसका नाम नन्दी है। उनके झंडे पर भी नन्दी का प्रतीक दिखता है। विष्णु गरुड़ नाम के बाज़ पर यात्रा करते हैं, उनकी पताका पर गरुड़ अंकित है। शनि ग्रह के स्वामी और काल के देवता, शनि, गिद्ध पर सवार रहते हैं, जिसका स्वभाव धीरज वाला है और जो मृतकों को खाता है। मंगल ग्रह का स्वामी मंगल युद्ध और आक्रमण से सम्बद्ध है और एक शेर पर सवार होकर चलता है। इन पशुओं को वाहन कहते हैं यानी सवारियाँ या गाड़ियाँ। इन्द्र की सवारी हाथी है, कार्तिकेय की मोर, गणेश की चूहा–अलग-अलग देवताओं के लिए अलग-अलग जानवर।

योगासन

महायोगी शिव शान्त और आनन्दमय थे। उस आनन्द में उन्होंने कई मुद्राएँ ग्रहण कीं, जिन्हें आसन कहते हैं। इनमें से बहुत-से आसन पशुओं सरीखे थे। मिसाल के लिए, उष्ट्र आसन ऊँट जैसा था। जब शिव ने यह आसन लगाया तो ऊँटों की सृष्टि हुई। मत्स्य आसन से मछलियाँ जन्मीं। भुजंग आसन से सर्पों का जन्म हुआ। शलभ आसन से पतंगे और टिड्डियाँ अस्तित्व में आये।

गोमुख आसन से गायों का जन्म हुआ। इस तरह शिव ने लाखों मुद्राएँ और आसन अपनाये जिससे लाखों जीव पैदा हुए। योगियों की कथाएँ ऐसा ही बताती हैं।

अवतार

समय-समय पर विष्णु, जो क्षीर-सागर में निवास करते हैं, पृथ्वी पर अवतार लेते हैं। जब वे ऐसा करते हैं तो वे अलग-अलग पशुओं का रूप ले लेते हैं। कभी वे मछली बनते हैं, कभी जंगली वराह, कभी हंस...विष्णु के उन अलग-अलग रूपों की स्मृति में अलग अलग जीव जन्मे। इसलिए अगली बार जब कभी किसी मछली को देखो तो याद रखना कि यह कभी विष्णु का रूप थी। और जब हंस को देखो तो याद रखना कि वह भी विष्णु का एक रूप था।

राशि

तारों का एक झुण्ड एक राशि कहलाता है। प्राचीन ऋषियों ने आकाश को बारह बराबर हिस्सों में बाँटा था हर हिस्से में एक राशि पड़ती थी। अंग्रेज़ी में इसे ज़ॉडियाक तथा संस्कृत में राशि कहते हैं। कुछ राशियाँ पशुओं का रूप ले लेती हैं। जैसे मेष राशि है, जिससे सूर्य गर्मियों के शुरू में होकर गुज़रता है, जिसे मेढ़े या नर भेड़ के प्रतीक के रूप में स्पष्ट किया जाता है। इसी तरह मीन, सिंह, वृश्चिक और वृषभ राशियाँ हैं। सूर्य जब मकर राशि को पार कर जाता है, जिसकी पूँछ मछली जैसी और सिर हाथी जैसा है, तो दिन गर्मियों के आने का संकेत देते हुए, लम्बे

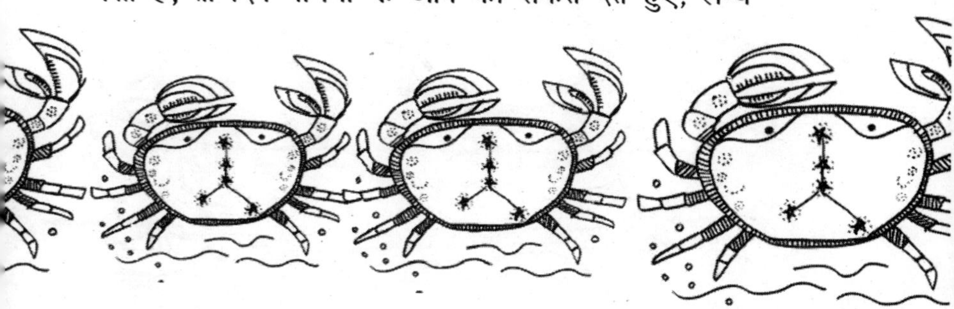

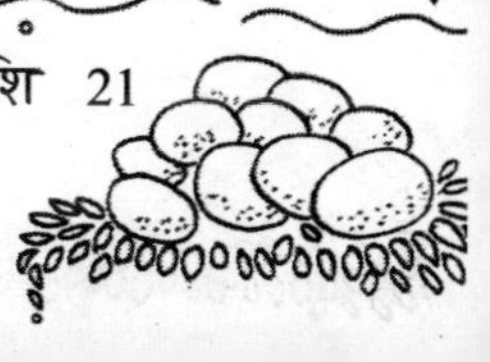

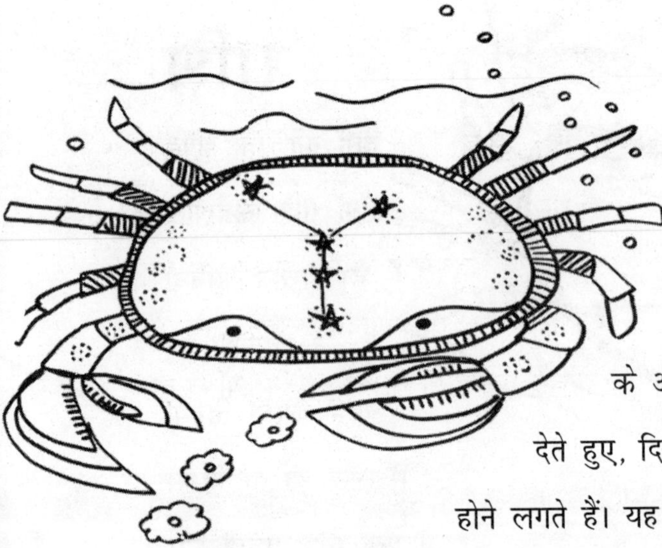

और गर्म होने शुरू हो जाते हैं। जब सूर्य कर्क राशि पार करता है, तो सर्दियों के आगमन की सूचना देते हुए, दिन छोटे और ठण्डे होने लगते हैं। यह जानकारी ज्योतिष शास्त्र से मिलती है, जो आकाश और तारों की विद्या से सम्बन्धित है। कवि हमेशा विस्मय करते हैं कि पहले क्या आया, पशु या राशियाँ? क्या सितारों के रूपों ने देवताओं को पशुओं की सृष्टि करने की प्रेरणा दी ?

योनि

बहुत-से हिन्दू विश्वास करते हैं कि जीव को मनुष्य का जीवन 84,00,000 पशुओं के गर्भों से पैदा होने के बाद मिलता है। ज्योतिषी कहते हैं कि किसी के जन्म के समय के आधार पर यह पता लगाया जा सकता है कि वह व्यक्ति पिछले जन्म में किस पशु के गर्भ या योनि से पैदा हुआ था। वह योनि व्यक्ति के व्यक्तित्व के एक पक्ष का निर्धारण करती है। कुछ योनियाँ हैं: हाथी, गाय, घोड़ी, साँप, बिल्ली, कुत्ता, चूहा, बन्दर, बाघ, बकरी, भैंस और हिरन। कौन-सी योनि पहले आयी–मनुष्य की या पशु की? क्या मनुष्य पशुओं के पुरखे हैं या इसके विपरीत पशु मनुष्य के पुरखे थे। इस तथ्य से इनकार नहीं किया जा सकता कि हम वन के पशुओं और पक्षियों से सम्बन्धित हैं। चाहे वे हमारे पुरखे हों या हमारे उत्तराधिकारी।

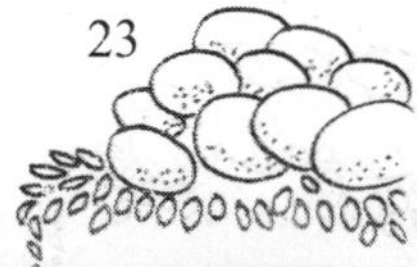

अध्याय 2

तैरने वाले जीव तिमि की सन्तानें

मनु

पहला मनुष्य जिसका नाम मनु था, एक नदी के किनारे खड़ा था जब एक नन्ही-सी मछली उस तक आयी और उससे बोली कि वह उसे बड़ी मछलियों से बचा ले। करुणा से भरकर मनु ने अपनी हथेली का कटोरा बनाकर उस नन्ही मछली को नदी से निकाल लिया और एक बरतन में रख दिया। मछली बहुत आभारी हुई। लेकिन अगले ही दिन वह मछली इतनी बड़ी हो गयी कि वह बरतन उसके लिए छोटा पड़ गया। मनु ने उस मछली को एक बड़े बरतन में रख दिया। एक दिन बाद मनु ने देखा कि मछली एक बार फिर बहुत बड़ी हो गयी थी। अब मनु को उसे ले जा कर एक विशाल कलसे में रखना पड़ा। वह भी अगले दिन तक छोटा

पड़ गया। मछली को कलसे से एक तालाब में, तालाब से झील में, झील से नदी में और फिर नदी से समुद्र में ले जाना पड़ा। पर समुद्र भी काफ़ी नहीं था, तब मनु ने वर्षा के लिए प्रार्थना की ताकि समुद्र का आकार इतना बड़ा हो सके।

वर्षा होने लगी और समुद्र बढ़ने लगा लेकिन फिर हुआ यह कि पानी बढ़कर सूखी भूमि पर भी चढ़ने लगा, जिससे धरती अपने सारे पहाड़ों और मैदानों के साथ डूब गयी। जैसे-जैसे पानी नगरों और जंगलों को डुबोता हुआ बढ़ता चला गया, घबराये और चौंके मनु ने आतंकित होकर चिल्लाना शुरू किया। इस घड़ी में उस मछली ने जो विशाल बन चुकी थी, मनु को वचन दिया कि वह उसकी मदद करेगी। उसने मनु से कहा कि वह मानव-जीवन को बचाने के लिए जो कुछ ज़रूरी हो वह एक नाव

में रख ले। फिर उस मछली ने एक सींग उगा लिया और मनु से कहा कि वह उस नाव को उस सींग से बाँध दे। इसके बाद मछली उस नाव को बारिश में बाढ़ के उमड़ते हुए पानी के ऊपर खींचती हुई धरती की सबसे ऊँची जगह– मेरु पर्वत– पर ले गयी। वहाँ मनु पानी के उतरने की बाट देखने लगा ताकि एक बार फिर वह सभ्यता को शुरू कर सके।

बाद में मछली ने अपना असली रूप प्रकट किया जो विष्णु का था और मनु से कहा कि बड़ी मछलियों से उस छोटी मछली को बचाने का जो फैसला मनु ने लिया था उसी ने सृष्टि को आरम्भ किया था, लेकिन बढ़ती हुई मछली के लिए, जिसकी माँग अदम्य थी, मनु के मन में बहुत अधिक चिन्ता ने संसार के विनाश का रास्ता खोल दिया था। यह बुरा था। उदारता एवं प्रतिरोध में सन्तुलन होना ही चाहिये। हमें उतना ही देना चाहिये जितने की दूसरों को ज़रूरत हो और लोभ-लालच को बढ़ावा नहीं देना चाहिये।

यह कथा मत्स्य पुराण में दी गयी है।

एक बार की बात है, एक मछली ने शिव को पार्वती से बातें करते सुन लिया। बातचीत में इतना ज्ञान था कि मछली भी ज्ञानी बन गयी और एक महान शिक्षक, मत्स्येन्द्रनाथ, के रूप में उसका पुनर्जन्म हुआ।

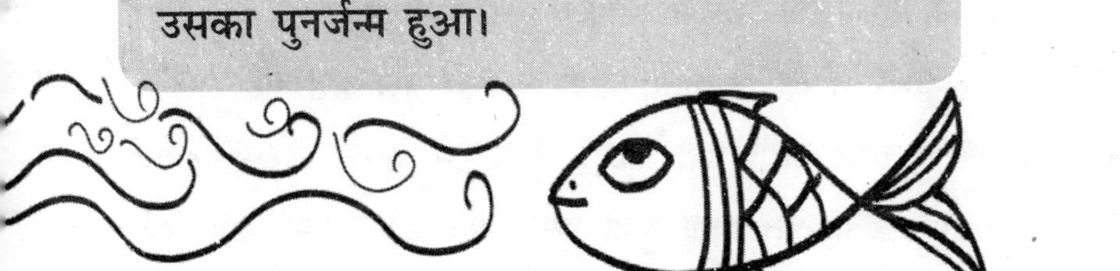

पाञ्चजन्य

जब कृष्ण ने अपनी शिक्षा पूरी कर ली तो अपने गुरु सान्दीपनि को गुरु–दक्षिणा देने का सवाल उनके सामने आ खड़ा हुआ। गुरु ने कहा, "मेरे बेटे को वापस ले आओ।" गुरु–पुत्र का अपहरण प्रभास नामक समुद्र–तट पर हुआ था।

कृष्ण ने प्रभास के तट पर खोज–बीन की तो उन्हें पता चला कि बालक का अपहरण पंचजन नामक असुर ने किया था जो एक घोंघे के रूप में समुद्र के अन्दर छिपा हुआ था। कृष्ण ने समुद्र में डुबकी लगायी और उस घोंघे–रूपी असुर को खोज लिया। पानी के नीचे एक लम्बी लड़ाई के बाद उन्होंने असुर को मार डाला और वे सान्दीपनि के बेटे को छुड़ाकर वापस ले आये। कृष्ण ने फिर उस असुर के शंख–रूपी शरीर को अपने कब्जे में करके उससे अपनी तुरही बना ली। शंख–रूपी इस तुरही को उन्होंने नाम दिया पाञ्चजन्य।

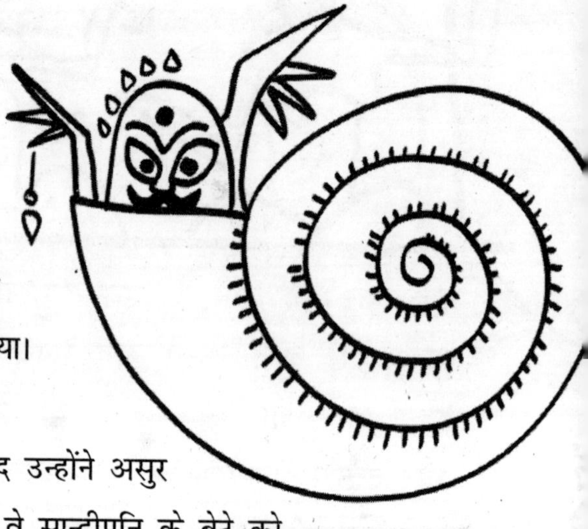

शम्बर नामक असुर ने कृष्ण के शिशु प्रद्युम्न के पालने से उसका अपहरण करके उसे एक नदी में फेंक दिया, जहाँ उसे एक मछली निगल गयी। आगे चलकर उस मछली को मायावती नामक एक स्त्री ने काटा तो अन्दर से उसे प्रद्युम्न मिला जिसे उसने अपने बेटे की तरह पाला।

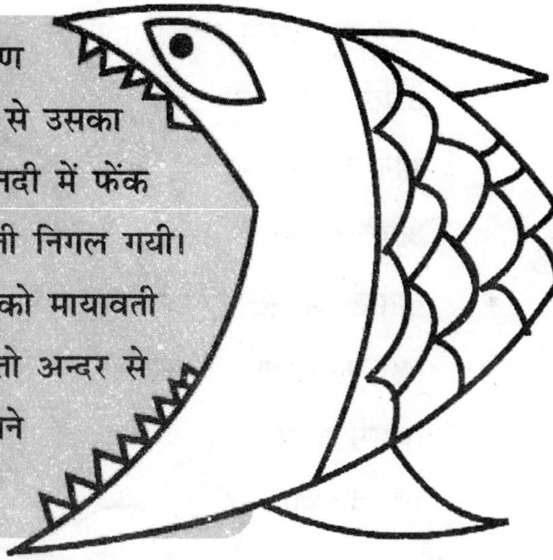

परीक्षित की पत्नी

महान धनुर्धर अर्जुन के पौत्र परीक्षित की पत्नी सुशोभना बहुत विचित्र थी। परीक्षित से विवाह के लिए राज़ी होने से पहले उसने एक शर्त रखी, "यह सुनिश्चित कीजिए कि मैं कभी किसी जलाशय को नहीं देखूँ।" परीक्षित को लगा कि वह पानी से डरती होगी इसलिए उसने सुशोभना की सुविधा के लिए इस बात का प्रबन्ध किया कि वह कभी किसी कुएँ, नदी या झील के निकट न जाये।

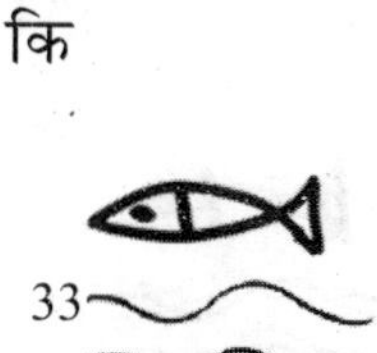

परीक्षित अपनी पत्नी पर इतना मोहित था कि वह उसके साथ-साथ रहने के लिए अपने राजकीय कर्तव्य भी पूरे नहीं करता था, जिससे उसके मन्त्रियों और सभासदों को बहुत खीझ भी होती थी। एक दिन मौज-मजे के लिये परीक्षित सुशोभना को एक बाग में ले गया जिसके बीच में एक झील थी। जैसे ही सुशोभना ने झील देखी वह उसमें कूद गयी और फिर लौटकर नहीं आयी। परीक्षित को भारी आशंका हुई : क्या वह डूब गयी थी?

उसने आदेश दिया कि झील का पानी खींचकर बाहर निकाला जाये। जब झील का सारा पानी निकाल लिया गया और वह सूख गयी तो परीक्षित ने देखा कि सील के सूखे हुए तल में सिर्फ़ मेंढक बैठे हुए थे। उसने सोचा, हो सकता है कि इन मेंढकों ने ही उसकी पत्नी को मार डाला हो और

उसे खा गये हों। ''मेंढकों को मारो,'' उसने आदेश दिया। लिहाज़ा, परीक्षित के सैनिक मेंढकों को मारना शुरू करने ही वाले थे कि मेंढकों के राजा आयु ने परीक्षित से रुकने की विनती की। ''आपकी पत्नी मेरी बेटी है। वह मेंढक राजकुमारी है।'' उसने कहा कि वह इसी प्रकार पुरुषों को अपने जाल में फँसाती है और उनके दिल तोड़ देती है। अगर आप मार-काट बन्द कर दें तो मैं अपनी बेटी को आदेश दूँगा कि वह आपके पास लौटे और एक पत्नी की तरह आपकी सेवा करे और प्रेम के ये प्रपंच बन्द कर दे। परीक्षित मान गया तथा मेंढक राजकुमारी ने फिर मनुष्य का रूप ले लिया। सुशोभना परीक्षित के पीछे-पीछे वापिस उसके राजमहल में चली गयी लेकिन उनके बीच पहले जैसा प्रेम नहीं रहा।

समुद्र मन्थन

एक बार देवताओं ने दूध के समुद्र, क्षीरसागर को मथने की योजना बनायी, क्योंकि कहा जाता था कि संसार के आश्चर्य उसमें घुले हुए हैं। पर्वतों के राजा मन्दार ने मथानी का काम किया और नागों के राजा वासुकि को मथानी की डोरी बनाया गया। कच्छपराज अकुपार ने आधार का काम किया जिस पर टिका कर मथानी को घुमाना था। जल्दी ही देवताओं को यह एहसास हो गया कि यह मन्थन उनके लिए अकेले करना सम्भव नहीं है। अब उन्हें अपने शत्रुओं–असुरों–की आवश्यकता थी, जो उनके जितने ही शक्तिशाली थे और जो दूसरी तरफ़ से ताकत लगाकर मथानी की डोर खींचते।

इस तरह मन्थन शुरू हुआ जिसमें देवताओं ने वासुकि नाग की पूँछ पकड़ी और असुरों ने उसे सिर की तरफ़ से पकड़ा।

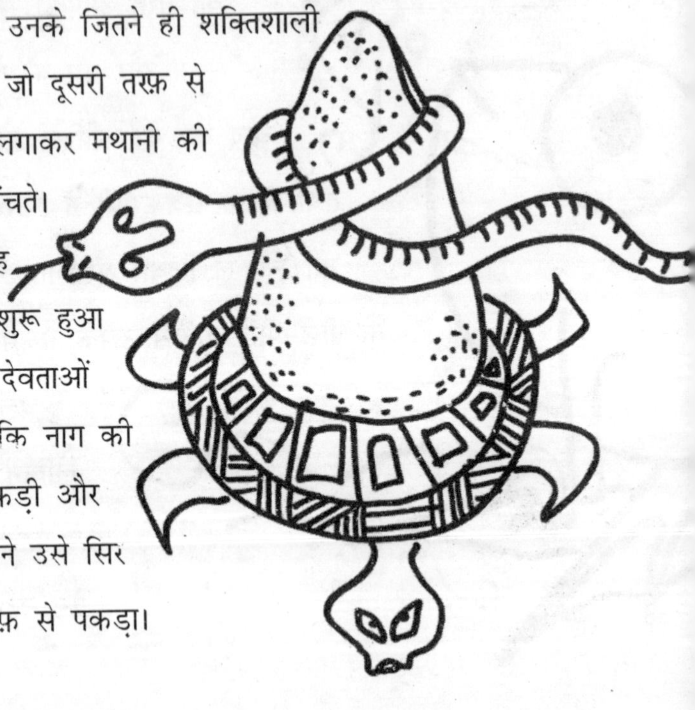

कई घण्टों के मन्थन के बाद वासुकि नाग की तबियत खराब हो गयी और उसने उलटी करनी शुरू कर दी। जो विष उसने उगला था वह भयंकर हलाहल था जिससे देवताओं और असुरों के लिये खतरा पैदा हो गया। सौभाग्य से तपस्वी शिव ने ब्रह्मा की सन्तान के प्रति करुणा से प्रेरित होकर उस सारे विष को निगल लिया और हवा को साफ़ कर दिया। काफ़ी मन्थन के बाद समुद्र ने आखिरकार अपने रहस्य उजागर किये। पानी की गहराइयों से तरह-तरह के आश्चर्यजनक उपहार निकले, जिनमें कई जानवर भी थे, जैसे सात सूँड़ों और

छः जोड़ी दाँतों वाला ऐरावत नामक सफ़ेद हाथी, जो देवताओं के राजा इन्द्र का वाहन बना। उच्चैश्रवा नामक उड़ने वाला घोड़ा जिसे असुरों के राजा बली ने अपना वाहन बना लिया। सारी इच्छाओं को पूरा करने वाली कामधेनु नामक गाय जिसे ऋषियों को दे दिया गया।

बहुत-से धर्म ग्रन्थ कहते हैं कि पृथ्वी चार दिशाओं और चार कोणों की ओर मुँह किये खड़े आठ विशाल हाथियों की पीठों पर टिकी है। ये हाथी खुद एक विशाल कछुए की पीठ पर खड़े हैं जो समुद्र पर तैरता रहता है।

लेकिन दूसरे धर्म ग्रन्थ भी हैं जो कहते हैं कि पृथ्वी एक विशाल नाग के फन पर टिकी हुई है, किसी रत्न की तरह और हर बार जब वह साँप हिलता है, तो पृथ्वी गड़गड़ाती है।

आद्रिका

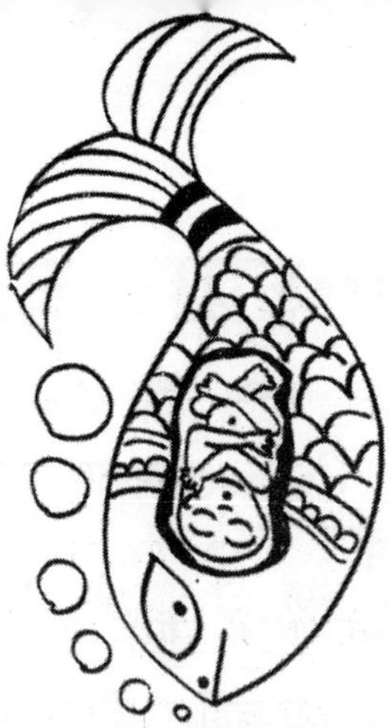

एक मछुआरे ने एक मछली को काटा तो उसे मछली के पेट में जुड़वाँ मानव शिशु मिले। मछली नामक आद्रिका अप्सरा थी जिसे शाप मिला था कि वह मछली के रूप में जियेगी जब तक कि वह मानव शिशुओं को जन्म नहीं दे देती। वह उपरिचर नामक एक राजा के पास गयी थी जब वह नदी में नहा रहा था और उसने राजा का पसीना आत्मसात कर लिया था। इससे वह गर्भवती हो गयी। हालाँकि वह मछली के रूप में थी, पर उसने मानव शिशुओं को जन्म दिया। मनुष्य होते हुए भी उसके बच्चों से बुरी तरह मछली की गन्ध आती थी।

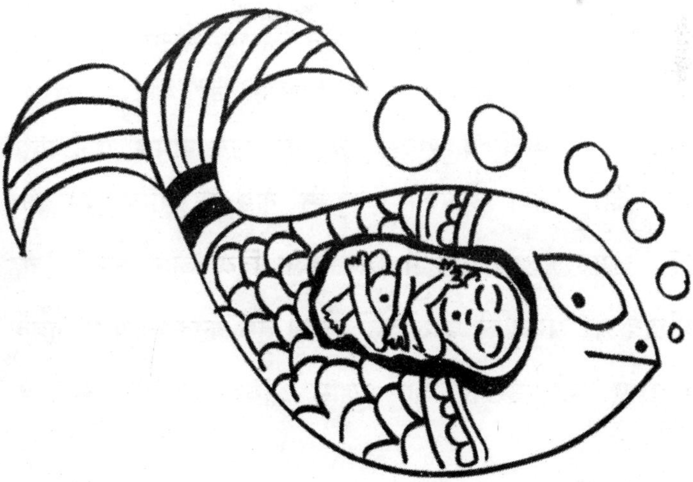

अकुपार की स्मृति

बहुत समय पहले इन्द्रद्युम्न नामक एक प्रतिष्ठित राजा हुआ। उसने इतना परोपकार किया था कि जब उसकी मृत्यु हुई तो उसे देवताओं की नगरी, अमरावती, जो इन्द्र का स्वर्ग है, में देवताओं के साथ रहने की अनुमति मिल गयी। लेकिन एक दिन उसे वहाँ से निष्कासित कर दिया गया। देवताओं ने कहा, "तभी लौटकर आना जब तुम यह साबित कर सको कि पृथ्वी पर ऐसे जीव हैं, जिन्हें तुम्हारे अच्छे कार्य याद हैं।"

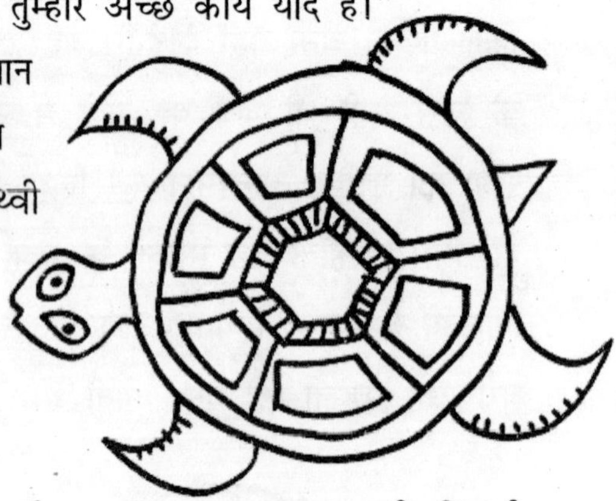

घबराया हुआ और परेशान अकुपार पृथ्वी पर उतरा और उसने पाया कि पृथ्वी अब वैसी नहीं रह गयी थी जैसी कि वह उसे जानता था। सैकड़ों साल बीत गये थे और हर चीज़ बहुत अलग-अलग-सी दिखती थी। क्या कोई उसे या उसके सत्कर्मों को याद करता भी होगा? उसने पृथ्वी के सबसे बूढ़े मार्कण्डेय नामक एक ऋषि को ढूँढा। ''क्या आपको इन्द्रद्युम्न नाम के राजा की याद है?'' उसने पूछा। ऋषि ने सिर हिला दिया और कहा, ''वह अवश्य मेरे समय से पहले रहा होगा। तुम काकभुशुण्डी नामक कौवे से पूछो, उसकी आयु मुझसे अधिक है। हो सकता है,

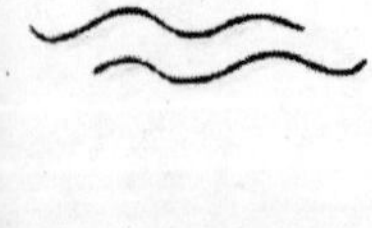

उसे इन्द्रद्युम्न नामक राजा की याद हो।" काकभुशुण्डी को भी इन्द्रद्युम्न की याद नहीं थी। हताश होकर इन्द्रद्युम्न रोने लगा। "मैं किसी को याद नहीं।" उसने क्रन्दन किया।

"रुको," काकभुशुण्डी ने कहा, "आओ, चलकर कच्छप अकुपार से पूछें, क्योंकि वह मुझसे आयु में बड़ा है और दूसरे किसी की तुलना में उसने दुनिया को ज़्यादा देखा है।"

काकभुशुण्डी और ऋषि मार्कण्डेय के साथ इन्द्रद्युम्न अकुपार के पास गया। अकुपार सचमुच बहुत बूढ़ा था। "इन्द्रद्युम्न?" उसने कहा, "हाँ, मुझे यह नाम याद है। मेरे दादा ने मुझे उसके बारे में बताया था। उसी ने यह झील बनायी थी, जहाँ मैं रहता हूँ।" इन्द्रद्युम्न को कोई झील बनवाना याद नहीं था। शायद यह कच्छप किसी और इन्द्रद्युम्न की बात कर रहा था।

तब अकुपार ने अपनी बात साफ़ की। "मेरे दादा ने कहा कि तुमने झील बनवाने का कोई संकल्प नहीं किया था लेकिन तुमने बहुत-सी गायें दान

में दी थीं। तुमने इतनी गायें दान में दीं कि तुम्हारे नगर से जाते समय उन्होंने अपने खुरों से ढेर सारी मिट्टी खोद डाली जिससे एक गड्ढा बन गया। जब वर्षा ऋतु आयी तो इस गड्ढे में पानी भर गया और यहाँ एक विशाल झील बन गयी। यह झील बहुत-सी मछलियों, कछुओं और जलचरों का घर बन गयी, जिनमें मेरे दादा के दादा भी थे। उन्होंने यह कहानी मेरे दादा को सुनायी थी जिन्होंने इसे मुझको सुनाया। इस तरह तुम मुझे याद हो इन्द्रद्युम्न।''

इन्द्रद्युम्न यह जानकर बहुत प्रसन्न हुआ कि दुनिया अब भी उसे याद करती थी। उसने जाकर इन्द्र को इस बारे में बताया और फिर उसे अमरावती में वापस बुला लिया गया।

यमुना नदी बहुत धीमे-धीमे बहती है। इसलिए नदी देवी यमुना की छवि धीर गम्भीर कछुए पर सवार देवी की है। इसके विपरीत गंगा नदी चंचल नदी है, इसलिए उसे मकर पर सवार दिखाया जाता है जो कुछ लोगों के अनुसार मकर नहीं, नदी में रहने वाली सूंस (डॉलफिन) है।

अध्याय 3

उड़ने वाले जीव विनता की सन्तानें

विनता की सन्तानें

कश्यप ऋषि की अनेक पत्नियाँ थीं, जिनमें से दो कद्रु और विनता (या वनिता) थीं। कद्रु ने ऋषि से कहा कि वह बहुत-सी सन्तानें चाहती है, लेकिन विनता ने कहा कि उसे केवल दो बच्चे चाहिये, जो कद्रु के सारे बच्चों को मिलाकर भी उनसे अधिक शक्तिशाली और बुद्धिमान हों। कश्यप ने कद्रु को सैकड़ों अण्डे दिये। इन अण्डों से सर्प या नाग निकले। विनता को उन्होंने दो अण्डे दिये। ये अण्डे बहुत दिनों तक नहीं फूटे। अधीर होकर विनता ने एक अण्डे को फोड़ दिया उसमें से एक अधूरा बच्चा निकला जो अपनी माँ पर क्रुद्ध था। उसने विनता को गले लगाने से मना कर दिया और यह कहते हुए शाप दिया कि वह दासी बनेगी। फिर वह आकाश में उड़ गया और आरुणि बन गया—उषा का निराकार देवता, सूर्य देवता का सारथी। सबक सीख जाने पर विनता ने अब की

बार धीरज रखा।
दूसरे अण्डे से गरुड़
का जन्म हुआ, विशाल
और सूर्य की तरह
तेजस्वी। विनता ने अन्ततः
और भी अण्डे दिये और
सभी पक्षियों की माता बन
गयी। गरुड़ पक्षियों का राजा
और उनका रक्षक बना।

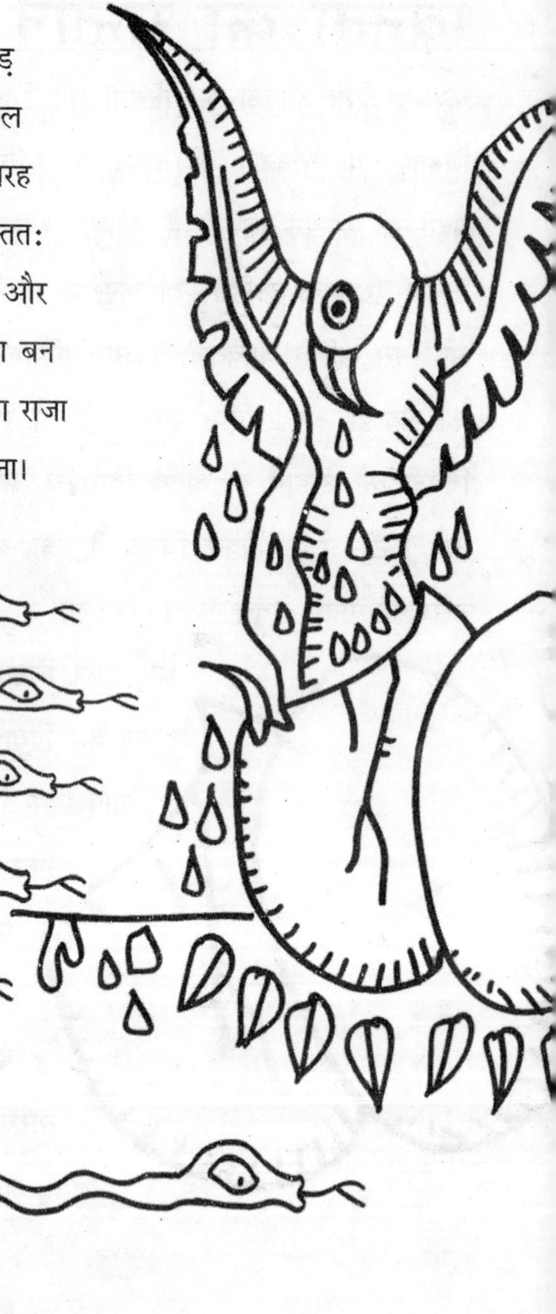

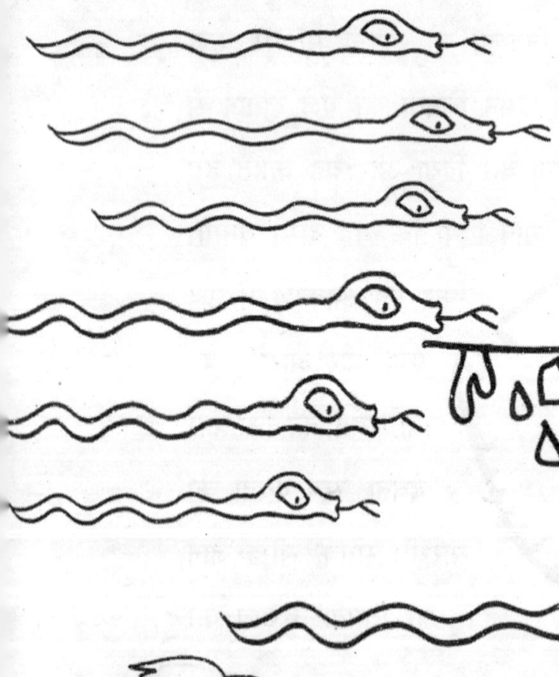

गरुड़ की मुक्ति

विनता का पुत्र होने के नाते गरुड़ दास बनकर पैदा हुआ था, क्योंकि उसकी माँ नागों की दासी थी। गरुड़ ने अपने स्वामियों से पूछा कि वह किस तरह अपने को मुक्त करा सकता था।

नागों ने कहा, "हमें अमृत लाकर दे दो और तुम मुक्त हो जाओगे।" सो गरुड़ स्वर्ग की ओर उड़ा और उसने देवताओं की नगरी, अमरावती पर हमला कर दिया। गरुड़ ने देवराज इन्द्र को हराकर अमृत का कलश प्राप्त कर लिया। इन्द्र ने कहा, "अमृत नागों के लिए नहीं है। इसे मुझ को लौटा दो, मैं तुम्हें एक वर दूँगा।"

गरुड़ ने कहा, "मुझे यह अमृत नागों के पास लेकर जाना ही होगा ताकि मैं अपनी माँ और खुद को दासत्व से मुक्त करा सकूँ। लेकिन मैं इसे वापिस ले आऊँगा और यह सुनिश्चित करूँगा कि नागों को इसका एक घूँट भी न मिले।"

इन्द्र ने कहा, "अगर तुम ऐसा करने में सफल हो गये तो मैं तुम्हें मनचाहा वरदान दूँगा।"

गरुड़ धरती पर वापस आ गया और अमृत के घट के साथ नागों के पास जाकर बोला, ''मैं इसे तभी तुमको सौंपूँगा जब तुम मुझे और मेरी माँ को दासत्व से मुक्त कर दोगे।''

नागों ने कहा, ''ऐसा ही होगा। हम तुम्हें और तुम्हारी माँ को मुक्त करते हैं।''

गरुड़ ने अमृत का घड़ा धरती पर रख दिया। जैसे ही नाग उस कलश की ओर बढ़े, गरुड़ ने कहा, ''इस दैवी पदार्थ को पीने से पहले नहाना या कम-से-कम कुल्ला करके मुँह साफ करना ज़रूरी माना गया है।''

नागों ने उसकी बात मान ली और डुबकी लगाने के लिए नदी की तरफ़ लपके। जिस बीच वे गये हुए थे, कलश अरक्षित रखा हुआ था। उसी समय इन्द्र उतरे और कलश को वापस अमरावती ले गये।

जब नाग लौटकर आये और उन्होंने देखा कि कलश वहाँ नहीं है, तो उन्होंने क्रोधित होकर गरुड़ से पूछा, ''तुमने

इन्द्र को रोका क्यों नहीं?''

''अच्छा,'' गरुड़ ने कहा, ''तो मुझे अमृत की रखवाली भी करनी थी? मगर मैं अब तुम लोगों का दास तो रहा नहीं। याद करो, तुमने मुझे मुक्त कर दिया था।''

नाग अपना-सा मुँह लेकर रह गये। वे जानते थे कि गरुड़ सही कह रहा था। वे कुछ नहीं कर सकते थे। वे अमृत चखने का मौका खो चुके थे। हताश होकर वे घास के उन तिनकों पर लोटने लगे जिन पर अमृत का कलश रखा हुआ था।

नतीजे के तौर पर उन्हें अपनी केंचुली उतारने की जादुई शक्ति मिल गयी, जिसके बाद उन्हें फिर नयी चमड़ी मिल जाती है। इससे यह पक्का हो गया कि वे कभी बूढ़े नहीं होंगे।

फिर गरुड़ इन्द्र के पास अपने वरदान के लिए गया। "बोलो, क्या इच्छा है तुम्हारी?" इन्द्र ने पूछा। गरुड़ ने जवाब दिया, "मैं चाहता हूँ कि सर्प मेरा स्वाभाविक आहार बनें।"

"तथास्तु," इन्द्र ने कहा। उस दिन से गरुड़ को हमेशा नागों को अपने तीखे पंजों में पकड़े दिखाया जाता है। किसी समय वह उनका दास था, अब उनका भक्षक है।

फिर विष्णु गरुड़ से मिले और उन्होंने पूछा, "तुमने खुद अमृत क्यों नहीं पिया?"

गरुड़ ने जवाब दिया, "वह मेरा नहीं था, उसे पीना चोरी होती। मैं तो वही कर रहा था जो मेरे पूर्व स्वामी चाहते थे कि मैं करूँ, क्योंकि मैं उनका दास था।"

गरुड़ की इच्छा-शक्ति और निष्ठा से प्रसन्न होकर विष्णु ने कहा, 'मैं चाहता हूँ कि तुम मेरे वाहन बनो। मैं तुम पर सवार होकर युद्ध में जाया करूँगा।'

"ठीक है," गरुड़ ने कहा, "मुझे स्वीकार है लेकिन, मैं

आपके नीचे तभी रहूँगा, जब आप मुझे अपने ऊपर रखेंगे।''

उसकी शर्त बहुत न्यायसंगत, मगर पूरी करने में बहुत मुश्किल लगती थी। विष्णु इस शर्त को सुनकर मुस्कुराये और बोले, ''तुम्हारी छवि हमेशा मेरी पताका पर रहेगी। इस तरह तुम सदा मेरे ऊपर भी रहोगे।''

तब गरुड़ विष्णु का वाहन बन गया। उसकी छवि हमेशा विष्णु के मन्दिरों के सामने रखी जाती है।

एक बार गरुड़ को भूख लगी। उसने अपने पिता कश्यप से भोजन के लिए कहा। उसके पिता ने एक विशाल कछुए की तरफ़ इशारा किया जो एक हाथी से युद्ध कर रहा था। "ये दोनों भाई हैं," कश्यप ने गरुड़ से कहा। "लेकिन हरदम लड़ते रहते हैं। इन्हें खा जाओ और तुम बहुत शक्तिशाली बन जाओगे।" गरुड़ ने ऐसा ही किया और सचमुच बहुत शक्तिशाली बन गया।

गुणकेशी

इन्द्र के सारथी, मातलि, की बेटी गुणकेशी एक बहुत सुन्दर नाग सुमुख से प्रेम करने लगी और उसने सुमुख से कहा कि वह उससे शादी करना चाहती है।

"मैं तुमसे शादी नहीं कर सकता," सुमुख ने कहा, "क्योंकि मैं तो कल मर जाने के लिए अभिशप्त हूँ।"

उसने गुणकेशी को बताया कि गरुड़ द्वारा नागों के विचारहीन संहार को रोकने के लिए नागराज वासुकि यह मान गये थे कि हर रोज़ एक नाग अपनी इच्छा से गरुड़ का आहार बनकर अपनी बलि देगा। इस तरह सबको हर समय भयग्रस्त नहीं रहना पड़ेगा।

अगली शाम को सुमुख की बारी थी। इसलिए वह चाहकर

भी गुणकेशी से विवाह नहीं कर सकता था। यह सुनकर गुणकेशी का दिल टूट गया अपनी बेटी के दुख को सह न सकने के कारण मातलि ने इन्द्र से मदद करने के लिए कहा। तब इन्द्र ने विष्णु की मदद माँगी जिन्होंने गरुड़ से अनुरोध किया कि वह सुमुख को छोड़ दे। ''लेकिन वह मेरा स्वाभाविक आहार है,'' गरुड़ ने बहस की।

''हो सकता है, पर तुम्हें अपने हृदय को समझाकर इस नाग को छोड़ना होगा,'' विष्णु ने सलाह दी। लेकिन गरुड़ अडिग रहा। तब विष्णु ने अपना हाथ गरुड़ के पंख पर रख दिया। हाथ इतना भारी था कि गरुड़ पंख नहीं फड़फड़ा सकता था। उसे लगा कि वह फँस गया है। उसने अपने को छुड़ाने की कोशिश की, लेकिन समझ गया कि वह पूरी तरह दब गया है। निकलने का कोई रास्ता नहीं है।

''मुझे छोड़ दीजिए, थोड़ी दया कीजिये,'' गरुड़ ने बिनती की।

"तुम तभी छूट पाओगे, जब तुम दूसरे पर दया दिखाओगे," विष्णु ने कहा।

गरुड़ को आभास हो गया कि दया पाने के लिए दया दिखानी पड़ती है। उसने फैसला किया कि वह अगले दिन सुमुख को नहीं खायेगा। नतीजा यह हुआ कि गुणकेशी उस नाग से शादी कर सकी जिसे वह प्यार करती थी।

मुरुगन दैवी सेनाओं का सेनापति है और मोर पर सवार होकर युद्ध में जाता है। मोर को अक्सर साँप को अपने पंजों से धरती पर दबाये दिखाया जाता है। मुरुगन अपने हाथ में एक पताका लिये रहता है जिस पर मुर्गे का प्रतीक-चिह्न होता है।

‘काम’ और कामाक्षी

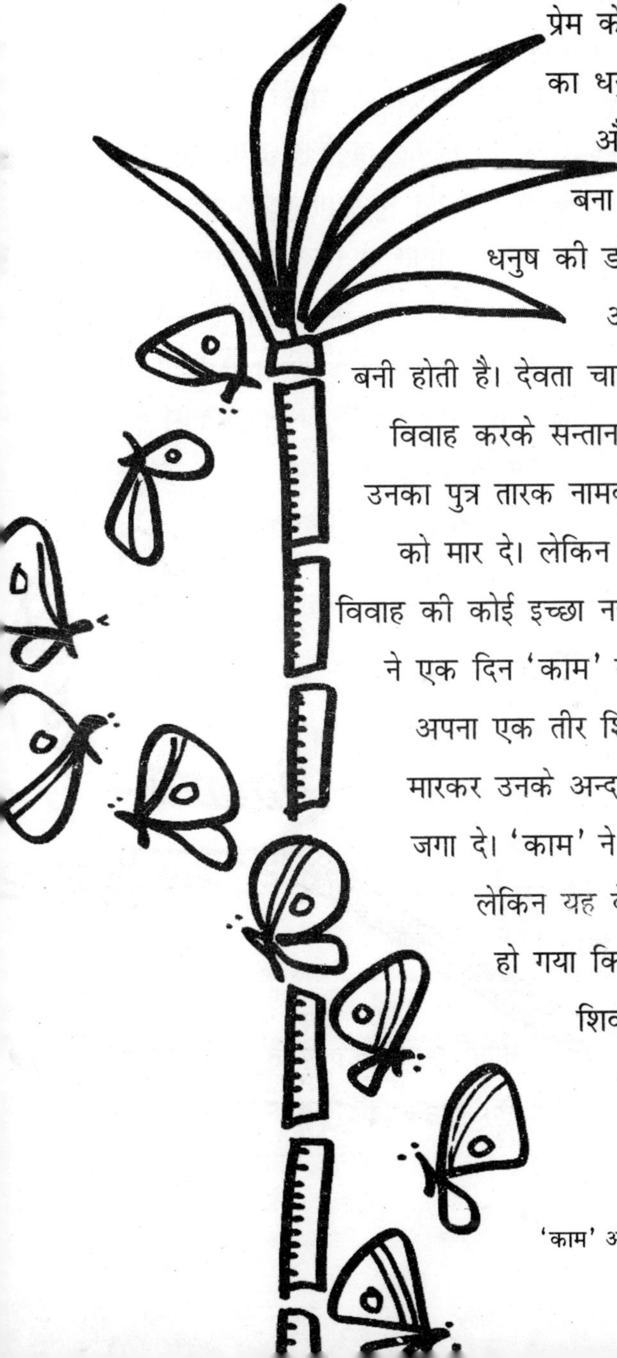

प्रेम के देवता कामदेव का धनुष तितलियों से और तीर फूलों से बना होता है। उसके धनुष की डोरी मधुमक्खियों और तितलियों से बनी होती है। देवता चाहते थे कि शिव विवाह करके सन्तान पैदा करें ताकि उनका पुत्र तारक नामक भयंकर असुर को मार दे। लेकिन शिव के मन में विवाह की कोई इच्छा नहीं थी। तब इन्द्र ने एक दिन ‘काम’ से कहा कि वह अपना एक तीर शिव के हृदय पर मारकर उनके अन्दर प्रेम की इच्छा जगा दे। ‘काम’ ने ऐसा ही किया। लेकिन यह देखकर आतंकित हो गया कि उसके बाण से शिव पर कोई असर नहीं हुआ

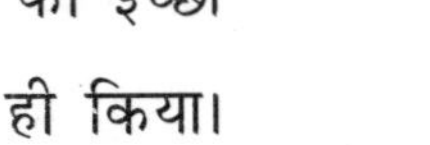

'काम' द्वारा उनकी समाधि को भंग करने की कोशिश से खीझकर शिव ने अपनी तीसरी आँख खोली और ज्वाला की एक तेज़ किरण छोड़कर 'काम' को भस्म कर दिया।

फिर देवता मदद के लिए देवी शक्ति के पास गये। "घबराओ नहीं, मैं शिव को विवाह के लिए राज़ी करूँगी," शक्ति ने कहा। इसके बाद शक्ति ने पर्वत-पुत्री, पार्वती, का रूप धारण किया और अपनी भक्ति से शिव को इतना प्रसन्न किया कि उन्होंने उसे वर माँगने को कहा। शक्ति ने कहा, "मेरे पति बनिये," शिव मान गये, उन्होंने पार्वती से शादी कर ली। उनकी एक सन्तान, मुरुगन पैदा हुई। जिसने तारकासुर को मारकर देवताओं को प्रसन्न किया। पार्वती अपनी भक्ति के बल पर वह करने में सफल हो गयी, जिसे कामदेव अपने वासना जगाने वाले बाण से नहीं कर पाया था।

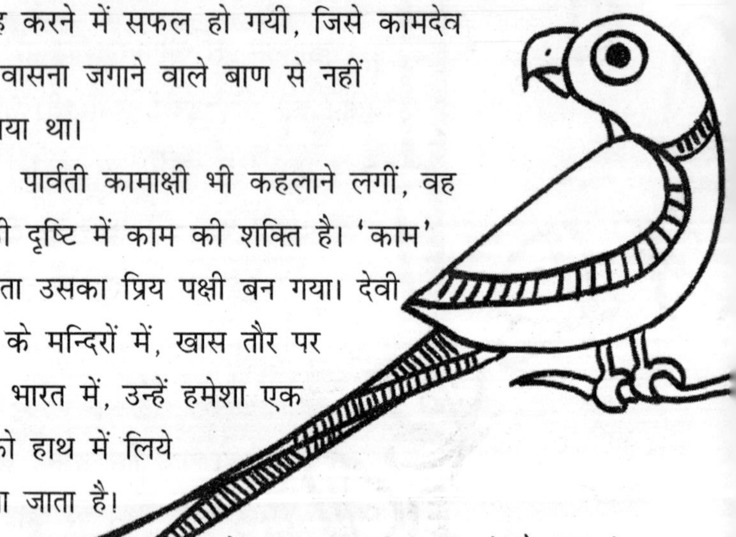

पार्वती कामाक्षी भी कहलाने लगीं, वह जिसकी दृष्टि में काम की शक्ति है। 'काम' का तोता उसका प्रिय पक्षी बन गया। देवी शक्ति के मन्दिरों में, खास तौर पर दक्षिण भारत में, उन्हें हमेशा एक तोते को हाथ में लिये दिखाया जाता है।

तोता 'काम' की स्मृति में है, जिसने शिव को विवाह के लिए मनाने में अपनी जान तक दे दी।

'काम' की सवारी तोता है, जबकि उसकी संगिनी रति का वाहन मैना है। तोता और मैना बहुत-सी लोक-कथाओं में पुरुष और स्त्री या पौरुष और स्त्रैणता का प्रतीक हैं। अक्सर वे एक-दूसरे को कहानियाँ सुनाते हैं। इन्हें आम लोगों में किस्सा तोता-मैना के नाम से जाना जाता है। तोते वाली कहानियाँ मर्दाना गुणों पर केंद्रित होती हैं जैसे बहादुरी और साहसी अनुभव। मैना की कहानियाँ स्त्रियोचित गुणों का वर्णन करती हैं जैसे प्रेम और घर-गृहस्थी आदि। जैसे-जैसे ये कहानियाँ किसी बिन्दु या विचार को सिद्ध करती या चुनौती देती चलती हैं, हम पाते हैं कि दुनिया की हमारी सारी समझदारी कहानियों से आती है।

जैमिनी

जब कुरुक्षेत्र में पाण्डवों और कौरवों के बीच महाभारत युद्ध हो रहा था, उस स्मय एक गर्भवती तोती लड़ाई के मैदान के ऊपर से उड़ती जा रही थी। अचानक एक तीर ऊपर आकाश की तरफ़ उड़ा और तोती को जा लगा। उसके पेट को चीरा गया। उसके पेट से चार अण्डे बाहर आ गिरे। वे युद्ध-भूमि में गिरे थे। चूँकि ज़मीन मारे गये सिपाहियों के खून से तर और नरम थी, इसलिए वे अण्डे फूटे नहीं। एक बड़ी-सी घंटी जो लड़ाई के मैदान में आये हाथी की गर्दन में बँधी हुई थी, नीचे आ गिरी और उसने उन चार अण्डों को ढँक लिया। घंटी की सुरक्षा में वे चार अण्डे फूटे और चार शावक तोते बाहर आये। ये छोटे तोते चारों तरफ़ चल रहे युद्ध की आवाज़ें सुन सकते थे और हर योद्धा के हृदय और मन की बात सुन सकते थे।

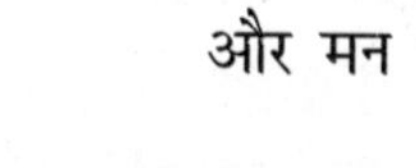

युद्ध के कई दिन बाद जब ऋषि–मुनि युद्ध–भूमि को पवित्र करने आये, तो उन्होंने वह घंटी उठायी और उन नन्हें तोतों को सही–सलामत पाया। उन्हें आभास हुआ कि वे तोते कितने सौभाग्यशाली थे जो उस सारे युद्ध के बीच से बच निकले। नन्हे तोतों ने ऐसी बातें सुनी थीं जो किसी और ने नहीं सुनी थीं। लिहाज़ा उन ऋषियों ने उन तोतों को मनुष्य की वाणी का वर दिया और कहा, ''जाओ और जो कुछ तुमने युद्ध–भूमि में सुना है उसके ज्ञान को दुनिया में बाँटो।''

उन चारों तोतों को जो कहानियाँ मालूम थीं उन्हें कोई नहीं जानता था, व्यास भी नहीं, जिन्होंने महाभारत की रचना की थी। वर्षों बाद एक ऋषि जैमिनी ने उन तोतों से इन कथाओं को सुना और लिखा। इस ग्रन्थ को 'जैमिनीय महाभारत' कहते हैं। जो व्यास रचित महाभारत का काफ़ी अलग प्रारूप है।

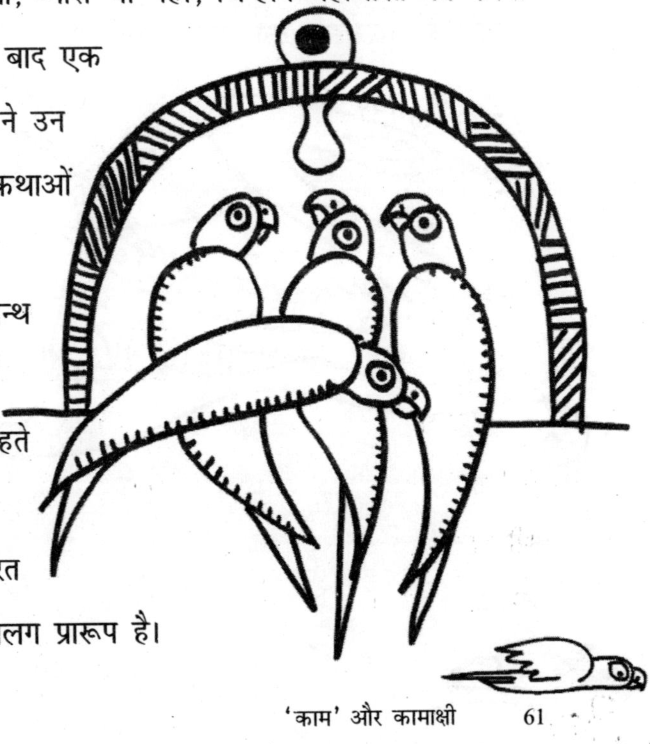

सरस्वती का सम्बन्ध हंस से है, क्योंकि यह विश्वास किया जाता है कि इस पक्षी में दूध का दूध और पानी का पानी करने की जादुई शक्ति होती है। दूसरे शब्दों में उसमें सत्य को झूठ से अलग करने की क्षमता होती है। कभी-कभी सरस्वती को बकुल पक्षियों यानी बगुलों से भी जोड़ा जाता है। इन पक्षियों को एक टाँग पर खड़े होकर एकाग्रता से पानी को देखने और फिर अचानक चोंच मारकर मछली पकड़ते देखा गया है। यह उन्हें एकाग्रता का प्रतीक बना देता है जो एक अच्छे विद्यार्थी का आवश्यक गुण है और यह गुण सरस्वती को बहुत पसन्द है।

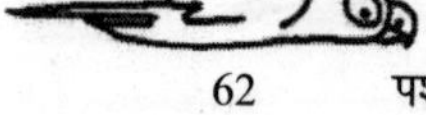

शिबि

एक दिन एक कपोत जिसका पीछा एक बाज कर रहा था उड़ते हुए शिबि नामक राजा के पास पहुँचा और शरण की भीख माँगी। शिबि ने कपोत को बचाने का वादा किया।

"यह सब तो ठीक है," बाज ने शिबि से कहा, "लेकिन अब मैं खाऊँगा क्या? क्या तुम चाहते हो कि मैं और मेरे बच्चे भूख से मर जायें?"

"किसी दूसरे कपोत को खा लो," शिबि ने कहा।

"यह तो उचित नहीं है। इस कपोत को क्यों छोड़ा जाये और उसे क्यों नहीं?" बाज ने पूछा।

"तो कोई चूहा खा लो," शिबि बोले।

"यह चूहे के साथ अन्याय होगा। कोई चूहा इस कपोत के लिए क्यों मरे?"

"तब ऐसा करो कि मेरा मांस खा लो। मैं तुम्हें इस कपोत के भार के बराबर अपना मांस दे दूँगा।"

इस पर बाज राज़ी हो गया। राजा ने कपोत को तराजू के एक पलड़े पर रखा, लेकिन शिबि को यह देखकर बहुत आश्चर्य हुआ कि वह नन्हा-सा कपोत, जितना राजा ने सोचा था, उससे कहीं ज़्यादा भारी निकला। सच तो यह था कि वह राजा के पूरे भार से भी ज़्यादा था।

"अगर तुम अपने को मार भी दो, तो भी तुम्हारा मांस इस कपोत से कम ही ठहरेगा," बाज ने कहा।

शिबि को अचानक आभास हुआ कि कपोत और बाज को देवताओं ने उसे एक सबक सिखाने के लिए भेजा था। कभी किसी जीव और उसके आहार के बीच प्राकृतिक सम्बन्ध को, प्रकृति के चक्र को भंग मत करो। प्रकृति न तो कपोत की पक्षधर है, न बाज की। दोनों को जीवन बचाने के लिए समझ और शक्ति मिली है। जो समर्थ हैं वे अवसर का लाभ उठायेंगे,

जो नहीं हैं, वे या तो भूखे मरेंगे या मारे जायेंगे। शिबि बाज के मुकाबले में कपोत की रक्षा करके गलती कर रहा था।

समृद्धि और सम्पत्ति की देवी लक्ष्मी का वाहन उल्लू है, जो कुछ लोगों के अनुसार लक्ष्मी की बहन अलक्ष्मी का प्रतीक है, जो कलह-क्लेश की देवी है। लक्ष्मी को एक जगह से दूसरी जगह जाना पसन्द है। जब उसे चलते रहने से रोक दिया जाये या जब उसे धरती में उन लोगों द्वारा दबा दिया जाये जो अपनी सम्पत्ति को दूसरों में बाँटना या खर्च करना नहीं चाहते, तब वह अपनी बहन को बुलाती है। अलक्ष्मी उल्लू की शक्ल में आती है और घरों में झगड़े करवाती है। इस तरह अलक्ष्मी की मदद से लक्ष्मी उन घरों को नष्ट कर देती है जो उसके साथ समझदारी भरा व्यवहार नहीं करते।

क्या तुमने
सरमा को देखा है?

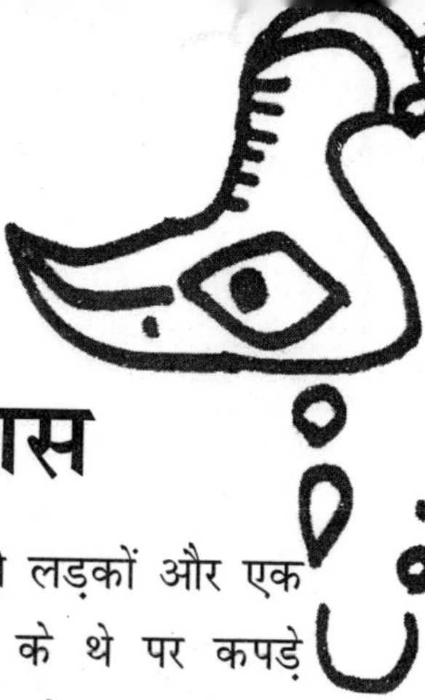

जटायु का सीता को बचाने का प्रयास

एक दिन जटायु नाम के गिद्ध ने वन में दो लड़कों और एक लड़की को देखा। वे लगते तो राजघराने के थे पर कपड़े उन्होंने तपस्वियों जैसे पहने हुए थे। उनकी बातें सुनकर जटायु को पता चला कि वे अयोध्या के राजकुमार राम, उनकी पत्नी सीता और भाई लक्ष्मण थे, जिन्हें उनके पिता ने चौदह बरस के लिए वनवास दिया था। जटायु को उन पर दया आयी और जब वे पत्तियों और फूलों से एक कुटिया बनाकर उसमें रहने लगे तो वह उनकी निगरानी करने लगा। एक दिन दोनों भाइयों को बहकाकर दूर ले जाने के बाद लंका का राजा रावण भेष बदलकर आया और सीता को कुटिया से खींचकर अपने उड़ने वाले विमान में बिठाकर ले चला। जैसे ही उसका विमान आकाश में ऊपर उठा, जटायु भी ऊपर उड़ा और अपने पंख फैलाकर उसने विमान का रास्ता रोक लिया।

क्रुद्ध होकर रावण ने अपनी तलवार उठायी और एक ही वार में जटायु के पंख काट दिये। बेचारा जटायु धरती पर

जा गिरा। जब राम और लक्ष्मण कुटिया पर वापस आये और उन्हें पता चला कि सीता वहाँ नहीं है। तब उन्होंने पंखविहीन जटायु को, किसी अजनबी (स्वयं अपने) के लिये, वन की धरती पर मरते हुए देखा।

मरते हुए जटायु ने रामं को बताया, "वह रावण था जो तुम्हारी पत्नी का अपहरण करके ले गया है। वह उसे अपने विमान में बैठाकर दक्षिण की ओर ले गया है। मैंने उसे बचाने की कोशिश की, पर सफल नहीं हुआ।" यह कहकर जटायु मर गया। राम ने उस पक्षी को श्रद्धाँजलि दी, जिसने ऐसा व्यवहार किया, जो कोई मनुष्य नहीं कर सकता था–अपनी जान देते हुए उसको बचाने की कोशिश करना, जिससे उसका कोई सम्बन्ध न हो।

जटायु और सम्पाती दोनों गिद्ध भाई थे जिन्हें एक-दूसरे से होड़ लगाने में आनन्द आता था कि कौन कितना ऊँचा उड़ सकता है। एक दिन जटायु बहुत ऊँचा उड़ा और सूरज के बहुत निकट पहुँच गया। यह खतरा पैदा हो गया कि कहीं उसके पंख न जल जायें। उसे बचाने के लिए सम्पाती उससे भी ऊँचा उड़ा और उसने अपने पंख फैलाकर उन्हें एक ढाल की तरह इस्तेमाल करके सूरज की किरणों को रोक दिया। जटायु तो बच गया लेकिन इस चक्कर में सम्पाती के पंख जल गये और फिर वह कभी नहीं उड़ सका।

काना कौवा

सीता अपने पति, अयोध्या के राजकुमार, राम के पीछे-पीछे वन में चली आयी थी, यह संकल्प करके कि वह उन्हीं के साथ वनवास के चौदह बरस बितायेगी चाहे जो भी कष्ट उठाने पड़ें। वह फल और कन्द-मूल इकठ्ठा करने के लिए वन में घूमती रहती, जिन्हें वे खा सकें। एक दिन एक कौवा उसके पीछे पड़ गया। वह साधारण कौवा नहीं था। वह आकाश का देवता, इन्द्र था जो सीता को अकेला पाकर उसे छेड़ना चाहता था। वह लगातार उसका पीछा करता रहा और उसने एक बार उसके कन्धों में चोंच भी मारी। जब सीता ने शिकायत की तो राम ने दूब का एक तिनका उठाकर कौवे की एक आँख में चुभा दिया।

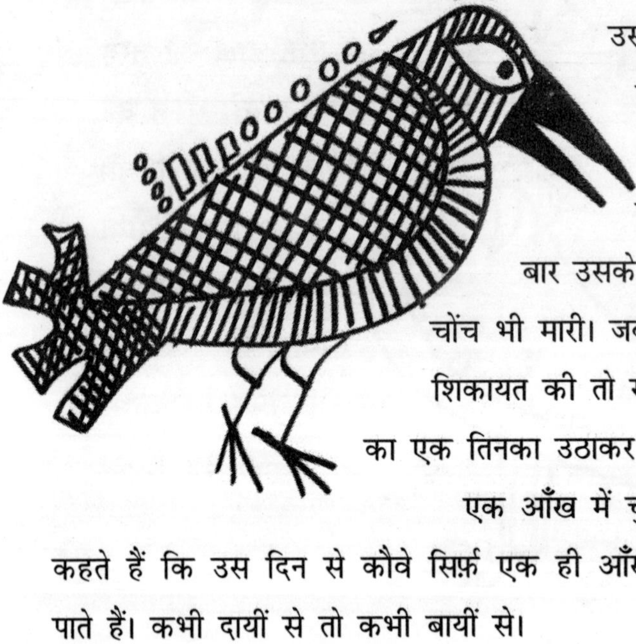

कहते हैं कि उस दिन से कौवे सिर्फ़ एक ही आँख से देख पाते हैं। कभी दायीं से तो कभी बायीं से।

काकभुशुण्डी असाधारण स्मृति वाला कौवा था। उसे पुराने राजाओं, देवताओं और ऋषि-मुनियों की कहानियाँ याद थीं। उसे रामायण और महाभारत की विस्तृत जानकारी थी। इसलिए वन के सभी ज्ञानी पुरुषों ने निष्कर्ष निकाला कि काकभुशुण डी कौवे के भेस में एक ज्ञानी व्यक्ति था। वे उसे पूजने लगे।

अध्याय 4

रेंगने वाले जीव कद्रु की सन्तानें

उत्तंक के कर्णफूल

प्राचीन काल में यह आम रिवाज़ था कि शिक्षा–दीक्षा पूरी होने पर गुरु को गुरु–दक्षिणा दी जाती थी। उत्तंक के गुरु गौतम ने अपनी पत्नी के लिए उत्तंक से एक रत्न–जटित कर्णफूल की

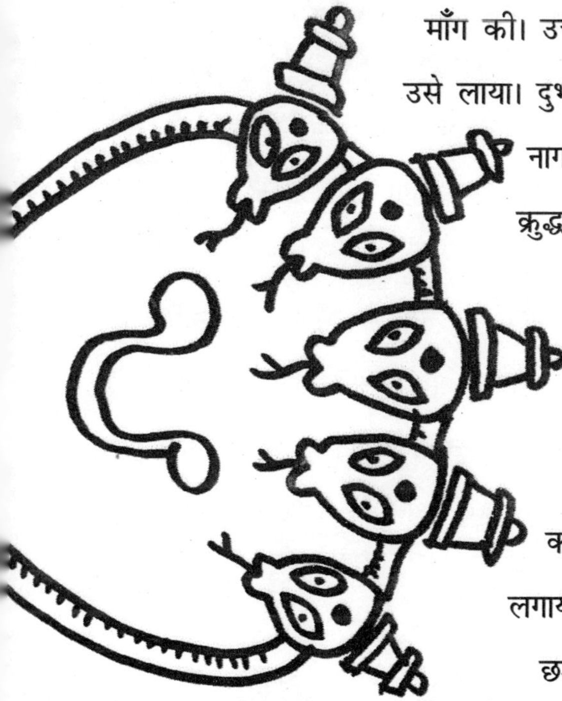

माँग की। उत्तंक बड़ी कठिनाई से उसे लाया। दुर्भाग्य से तक्षक नामक नाग उन्हें चुरा ले गया । क्रुद्ध होकर उत्तंक ने इन्द्र का आह्वान किया। "मुझे नागलोक तक पहुँचने के लिए एक सुरंग खोदने में मदद कीजिये," उसने पुकार लगायी। इन्द्र ने उत्तंक की छड़ी पर वज्र का प्रहार किया और उसे इतना शक्तिशाली बना दिया कि उसकी सहायता से उत्तंक धरती में एक गड्ढा खोदने में सफल हो गया जो उसे सीधा

नागलोक ले गया। फिर उत्तंक ने अग्निदेव का आह्वान किया जो एक घोड़े के रूप में उसके सामने प्रकट हुए। अग्नि की सलाह पर उत्तंक ने घोड़े की पूँछ के नीचे फूँक मारी। इससे घोड़े के नथुनों से धुआँ निकलने लगा । धुआँ जब नागलोक में फैला तो नागों का दम घुटने लगा।

तब नागराज वासुकि ने उत्तंक से रुकने की विनती की। ''ऐसा है तो तक्षक से कहिये कि मेरे कर्णफूल लौटा दे।'' उत्तंक ने कहा तो वासुकि ने तत्काल तक्षक को वे कर्णफूल लौटाने के लिए कहा। झेंपे हुए तक्षक ने वैसा ही किया जैसा उससे कहा गया था।

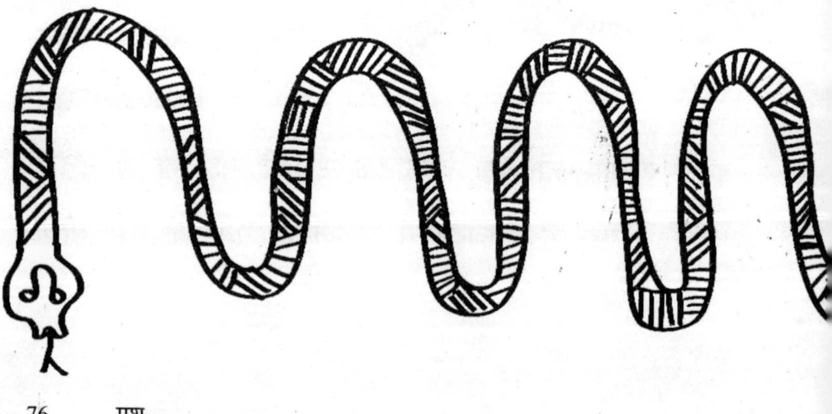

विष्णु अनेक फनों वाले एक नाग पर लेटे रहते हैं जिसका नाम आदि-अनन्त शेष है। कुछ लोग कहते हैं कि उसके सात फन हैं तो कुछ लोग कहते हैं कि अनगिनत फन हैं। शेष क्षीर सागर पर तैरता है और उसकी कुण्डली विष्णु के लिए पलँग का काम देती है। उसका बीच वाला फन विष्णु के छत्र का काम देता है। वे कहते हैं कि पृथ्वी एक नगीने की तरह उसके फन के ऊपर टिकी रहती है।

वासुकि की बहन

बहुत समय पहले, जरत्कारु नामक एक ऋषि थे । उन्होंने प्रण किया था कि वे उसी कन्या से विवाह करेंगे जिसका नाम जरत्कारु ही हो। अब हुआ यह कि नागराज वासुकि की बहन का नाम भी जरत्कारु था। अतः जरत्कारु के सामने वासुकि की बहन से शादी करने के सिवा कोई चारा न रहा।

जरत्कारु और उनकी पत्नी का एक बेटा था जिसका नाम था आस्तीक। एक दिन आस्तीक को पता चला कि राजा जनमेजय ने उत्तंक ऋषि को एक यज्ञ करने को कहा है जिसका उद्देश्य है पृथ्वी के सारे नागों को मारना। "क्योंकि," राजा जनमेजय ने कहा, "मेरे पिता को एक नाग ने मारा था।"

आस्तीक ने राजा से विनती की कि वह यज्ञ रोक दे। "हे राजन," आस्तीक ने कहा, "आपके पिता को शाप मिला था कि उनकी मृत्यु साँप के काटने से होगी। जिस नाग ने उनके प्राण लिये, उसे वर मिला हुआ था कि वह आपके परिवार के एक सदस्य को मारेगा क्योंकि

आपके पूर्वजों ने एक वन को जला दिया था, जिसमें नाग रहा करते थे। इस तरह शाप और वर दोनों पूरे हुए। अब उसे जाने दीजिये। इस भयंकर कर्मकाण्ड को बन्द कर दीजिये।''

आस्तीक के अनुरोध से प्रभावित होकर जनमेजय ने यज्ञ रोक दिया और नागों को छोड़ दिया।

मनसा देवी को अक्सर वासुकि की बहन, जरत्कारु माना जाता है। उत्तर भारत और बंगाल में लोग साँप काटने से बचने के लिए उनकी पूजा करते हैं। मनसा देवी को कभी-कभी शिव की बेटी कहा जाता है और वे अपने अधीर स्वभाव और बहुत जल्दी बिगड़ जाने के लिए बदनाम हैं।

नहुष

नहुष एक राजा थे। इतने महान कि देवता उनके पास आये और उनसे कहा कि वे अस्थायी रूप से उनकी नगरी अमरावती के राजा बन जायें, जिस बीच उनके राजा इन्द्र एक तीर्थयात्रा पर गये हुए थे। नहुष ने इस प्रतिष्ठा को प्राप्त करने पर अपने को बहुत सम्मानित महसूस किया। अमरावती में वे इन्द्र के सफ़ेद हाथी ऐरावत पर सवारी करते थे। उन्हें अप्सराओं का नृत्य देखने का अवसर भी मिला। गन्धर्व हमेशा उनकी प्रसन्नता और मनोरंजन के लिए संगीत बजाते उनके पीछे-पीछे चलते। वे कल्पवृक्ष के नीचे बैठते जो सारी इच्छाएँ पूरी कर देता था। उन्हें चिन्तामणि नामक रत्न दिया गया, जो सारे सपनों को सच कर देता था। समय के साथ इस सारे ऐश्वर्य ने नहुष के मन में बहुत घमण्ड भर दिया। "मैं चाहता हूँ कि ऋषि मुझे पालकी में बैठाकर ले जायें," उन्होंने आदेश दिया। ऋषियों की बड़ी प्रतिष्ठा थी और देवताओं में उनका बड़ा आदर-सम्मान

था, लेकिन उनके पास इस आदेश का पालन करने के सिवा कोई चारा नहीं था। वे नहुष को पालकी में बैठाकर, जहाँ वे कहते वहाँ ले जाते। ऋषियों में अगस्त्य ऋषि भी थे। वे छोटे कद क्रे थे। अपने छोटे कद की वजह से वे दूसरे ऋषियों की तरह तेज़-तेज़ नहीं चल पाते थे। परिणामस्वरूप पालकी उतनी तेज़ी से नहीं चल पाती थी जितनी तेज़ी से नहुष चा. हते थे। एक दिन धीमी गति से खीझकर नहुष ने अगस्त्य के सिर पर पैर से ठोकर मारी और कहा, ''सर्प, सर्प।'' जिसका मतलब संस्कृत में होता है, ''जल्दी, जल्दी।'' लेकिन सर्प का मतलब साँप भी होता है। सो अगस्त्य ने नहुष को शाप दिया

कि वे साँप बनकर धरती पर लौटें। इस तरह वह राजा जिसे देवताओं पर राज करने के लिए चुना गया था, साँप बनकर पृथ्वी पर सरकने लगा।

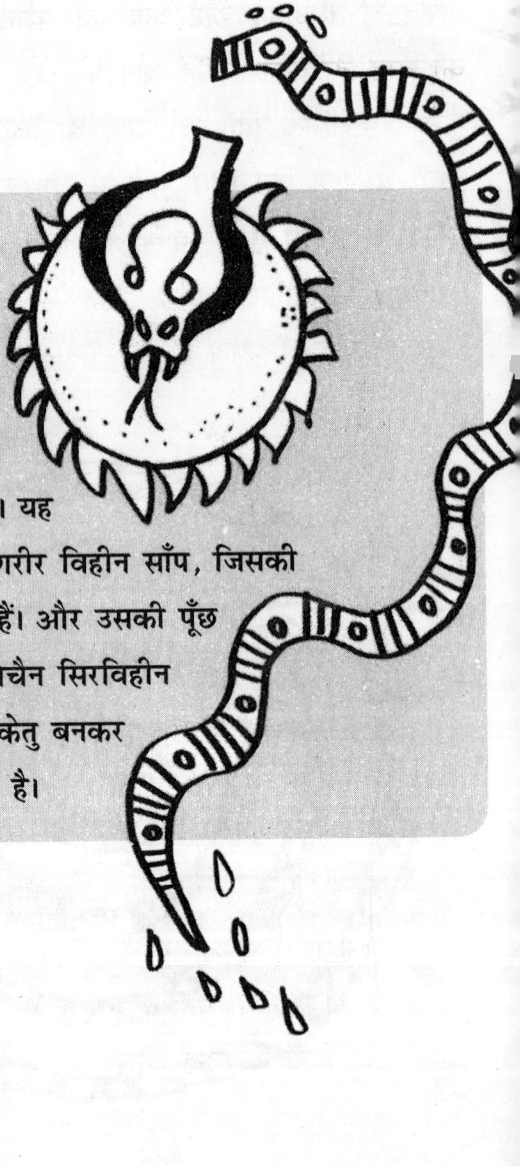

एक असुर ने अमृत को पीने की कोशिश की, लेकिन इससे पहले कि वह उसको निगल पाता, उसका सिर काट दिया गया। यह सिर राहु बन गया, शरीर विहीन साँप, जिसकी वजह से ग्रहण होते हैं। और उसकी पूँछ केतु बन गयी। वह बेचैन सिरविहीन साँप आकाश में धूमकेतु बनकर चक्कर लगाता रहता है।

नृग

एक दिन कृष्ण के बच्चों को एक सूखे कुएँ में एक बड़ी-सी छिपकली मिली। या क्या वह गिरगिट था? लिहाज़ा, उन्होंने जाकर कृष्ण को उसके बारे में बताया। कृष्ण दौड़कर उस छिपकली को बचाने के लिए गये। जैसे ही कृष्ण ने उसे छुआ, वह एक सुन्दर दैवी प्राणी में बदल गया।

"मैं नृग हूँ," प्राणी ने कहा। "एक समय मैं एक राजा था, जिसने दान में एक हज़ार गायें दी थीं। लेकिन एक पुरोहित को दी गयी एक गाय भागकर मेरी राजकीय गोशाला में लौट आयी। इस बात से अनजान कि क्या हुआ था, मैंने उस गाय को एक और पुरोहित को दान कर दिया। दोनों पुरोहितों ने उस गाय पर दावा जताया और मुझसे कहा कि मैं उस स्थिति का हल निकालूं। मैंने उनसे क्षमा माँगी और दण्डस्वरूप सैकड़ों गायें देने का प्रस्ताव

किया लेकिन पुरोहित नहीं माने। इसकी बजाय उन्होंने मुझे शाप दिया कि उन्हें धोखा देने के कारण अगले जन्म में मैं

छिपकली बनूँगा, लेकिन मेरे सत्कर्मों के कारण पुनर्जन्म और मृत्यु के देवता यम ने कहा कि एक दिन कृष्ण मुझे छुएँगे और तब मैं एक देवता बन जाऊँगा और अमरावती की अमर नगरी में देवताओं के बीच जा कर रहूँगा'' यह कहते हुए नृग, कृष्ण और उनके बच्चों की उपस्थिति में ऊपर स्वर्ग की ओर चला गया।

कर्कोटक नाग शिव के गले में लिपटा रहता है। जब तक वह वहाँ है वह गरुड़ से सुरक्षित है।

विषधर नाग कालिया इस डर से यमुना नदी के मोड़ में रहता था कि गरुड़ उसे खा न जाये। नतीजा यह हुआ कि नदी का वह हिस्सा उसके विष से दूषित हो गया था। बालक कृष्ण ने उसके फन पर नृत्य करके उसे जाने के लिए विवश कर दिया ताकि नदी का पानी एक बार फिर पीने योग्य हो जाये। कालिया की रक्षा के लिए कृष्ण ने कालिया के फन पर अपने पैरों की छाप छोड़ दी।

अर्जुन और मगरमच्छ

एक तीर्थयात्रा के दौरान, अर्जुन एक नदी के किनारे पाँच पवित्र स्थानों पर पहुँचा, जहाँ जाने से तीर्थयात्री कतराते थे। पता करने पर उसे मालूम हुआ कि इन पाँचों पवित्र स्थानों पर मगरमच्छों ने अपने डेरे बना रखे थे और जो भी औरत या आदमी पानी में उतरने का साहस करता उसे वे खा जाते थे। योद्धा होने के नाते, अर्जुन ने इन मगरमच्छों का नाश करके इन पवित्र स्थानों को फिर से सुरक्षित बनाने का फैसला किया। वह एक पवित्र स्थान में पानी के भीतर उतरा और उसने मगरमच्छ को चुनौती दी कि वह उसे खाये। मगरमच्छ नदी तल से ऊपर आया और अर्जुन की टाँग को अपने जबड़े में पकड़कर उसे डुबोने के उद्देश्य से पानी के नीचे खींचने लगा। इसी तरह मगरमच्छ अपने

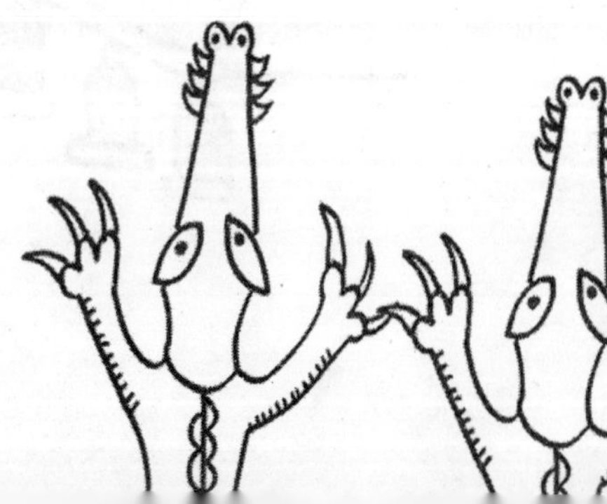

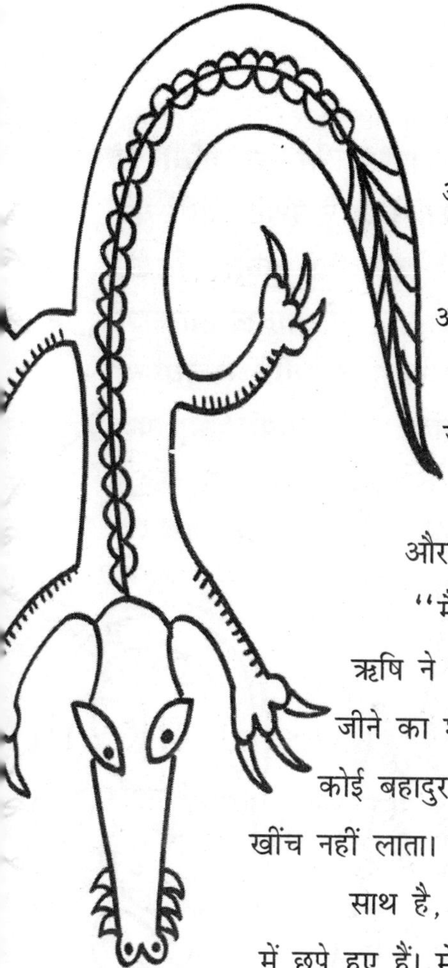

शिकार को मारते हैं। लेकिन अर्जुन ने अपनी टाँग छुड़ायी, मगरमच्छ की पूँछ पकड़ी और उसे पानी के बाहर, नदी के तट पर घसीट लाया। जैसे ही अर्जुन ने यह किया, वह मगरमच्छ एक सुन्दर औरत में बदल गया। वह बोली, ''मैं एक अप्सरा हूँ, जिसे एक ऋषि ने तब तक मगरमच्छ की तरह जीने का शाप दिया था, जब तक कि कोई बहादुर आदमी मुझे पानी के बाहर खींच नहीं लाता। ऐसा ही दूसरे मगरमच्छों के साथ है, जो दूसरी चार पवित्र जगहों में छुपे हुए हैं। मेरी बहनों को भी उसी तरह बचाइये, जैसे आपने मुझे बचाया है।''

अर्जुन ने वैसा ही किया जैसा उससे अनुरोध किया गया था। पाँचों अप्सराएँ इस तरह अपने मगरमच्छ वाले रूप से मुक्त हुईं और नदी के किनारे के वे पाँच पवित्र स्थान फिर से तीर्थयात्रियों के लिए सुरक्षित हो गये।

साँपों या नागों की पूजा भारत भर के गाँवों में प्रचलित है। एक बार नेपाल नरेश ने सभी साँपों को अपने राज्य से बाहर चले जाने का आदेश दिया। अगले साल सूखा पड़ गया। एक भी बादल आकाश में दिखायी नहीं देता था। राजा ने साँपों से विनती की कि वे वापस आ जायें। साँप वापस आ गये और बारिश उनके पीछे-पीछे आ गयी। लोग कहते हैं कि अगर आप साँपों की बाँबी में घुस जायें तो हो सकता है आपको सुरंगों की ऐसी शृंखला का रास्ता मिल जाये, जो धरती के अन्दर सीधे नागलोक में जाती हो।

भीम का उद्धार

'महाभारत' में उन सौ कौरवों की कथा कही गयी है, जो अपने चचेरे भाइयों, पाँच पाण्डवों, को पसन्द नहीं करते थे, जो कि हस्तिनापुर में उनके साथ राजमहल में रहते थे। कौरवों ने तय किया, "जब ये बड़े हो जायेंगे तब हमें अपनी सम्पत्ति इनके साथ बाँटनी पड़ेगी। आओ, इन्हें एक-एक करके मार दें जिससे हमारी सम्पत्ति हमारे पास रहे।"

उन्होंने भीम, जो पाण्डवों में सबसे बलशाली था, भीम को मारने की एक योजना बनायी। भीम इतना बलशाली था कि वह पेड़ों को यों उखाड़ देता था जैसे वे घास के तिनके हों।

वह खाने का शौकीन था। एक दिन कौरवों ने उसे ज़हर-मिला खाना खिला दिया। उसे खाने के बाद वह बेहोश हो गया। फिर कौरवों ने उसके हाथ-पैर बाँधकर उसे नदी में

फेंक दिया। जैसे-जैसे भीम नदी-तल की ओर डूबा, सैकड़ों साँप तैरते हुए उसकी तरफ़ आये। इन नागों ने उसे काटा, पर अपने दाँतों से उसके शरीर में विष डालने की जगह उन्होंने वह ज़हर खींच निकाला, जो उसकी नाड़ियों में दौड़ रहा था। फिर उन्होंने उसे बाँधने वाली रस्सी ढीली की और उसे पानी के नीचे अपनी नगरी भोगावती ले गये। वहाँ एक बूढ़े नाग ने भीम को एक औषधि दी। ''इस विशेष औषधि को पीने के बाद किसी भी तरह के विष से तुम्हें नुकसान नहीं पहुँचेगा,'' उसने कहा। भीम को समझ नहीं आया कि नाग उसके प्रति इतने दयालु क्यों थे।

''क्योंकि,'' बूढ़े नाग ने कहा, ''तुम्हारी माँ का एक पूर्वज यदु, नागों का मित्र था और उसने बहुत-सी नाग स्त्रियों से विवाह किये थे। इससे तुम हमारे सम्बन्धी हुए और सम्बन्धी एक-दूसरे की मदद करते हैं।''

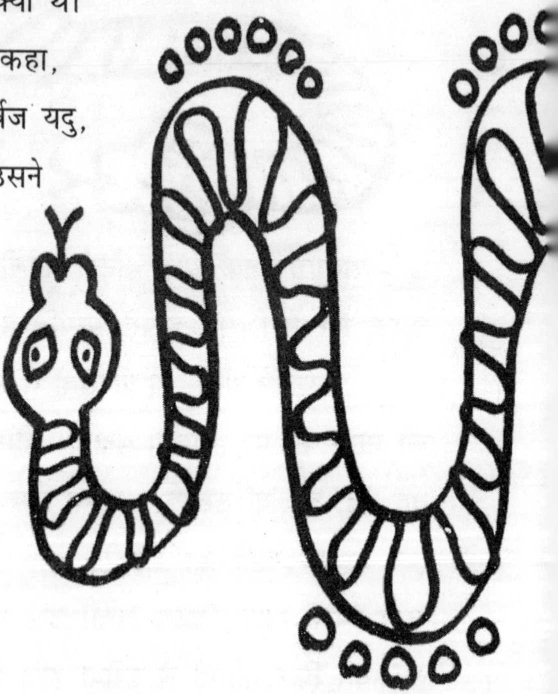

बहुत-सी लोक-कथाओं में नाग-मणि का उल्लेख आता है। कुछ विशेष सर्पों के फन में पायी जाने वाली इस मणि में उपचार करने और भाग्योदय की जादुई शक्ति होती है। जब अपने पुत्र, बभ्रुवाहन से युद्ध में अर्जुन घायल हो गया था तो बभ्रुवाहन की माँ नाग राजकन्या उलूपी ने अपने पति, अर्जुन को बचाने के लिए इसी रत्न का प्रयोग किया था।

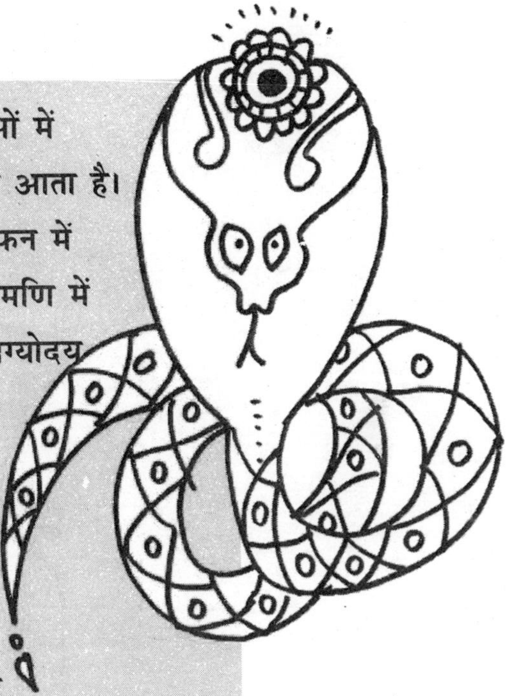

अध्याय 5

खुर वाले जीव सुरभि की सन्तानें

उर्वशी की बकरियाँ

पुरूरवा नामक एक राजा, उर्वशी नामक एक अप्सरा से प्रेम करने लगा। "मुझसे शादी कर लो," उसने उर्वशी से विनती की। अप्सरा ने जवाब दिया, "तभी शादी करूँगी, जब तुम मेरी पालतू बकरियों की देख-भाल करोगे।" राजा मान गया। लिहाज़ा, उर्वशी पुरूरवा की पत्नी बन गयी और वह गड़ेरिया बन गया। अब हुआ यह कि इससे राजा की प्रजा बहुत परेशान हुई—बजाय अपनी प्रजा की देख-भाल करने के, राजा रानी की बकरियों की देख-भाल कर रहा था। लोगों ने देवताओं से विनती की कि वे इस स्थिति को सुधारने के लिए कुछ करें। उधर देवता भी पुरूरवा से नाराज़ थे—वह उनकी अप्सरा को ले गया था। "अब समय आ गया है," उन्होंने आपस में सलाह की, "दोनों को अलग-अलग कर देना चाहिये ताकि पुरूरवा राज्य की देख-भाल करे और उर्वशी फिर हमारे लिए नाच सके।"

देवताओं ने गन्धर्वों की मदद ली। गन्धर्व दैवी संगीतकार थे जो फूलों के भीतर रहते थे। जब पुरूरवा और उर्वशी सोये हुए थे, तब गन्धर्वों ने उर्वशी की बकरियाँ पकड़ीं

और उन्हें लेकर भाग निकले।

उर्वशी का दिल टूट गया। "तुमने मेरी बकरियों की देख-भाल नहीं की और देखो वे चली गयी हैं। इसलिए अब मैं भी जा रही हूँ," उसने कहा और ऊपर स्वर्ग में देवताओं के पास चली गयी।

पुरूरवा यहाँ-वहाँ दौड़-दौड़कर बकरियों को ढूँढता रहा, इस उम्मीद में कि वे मिल जायें तो वह अपनी पत्नी को वापस पा सके। लेकिन गन्धर्वों ने इतनी होशियारी से उन्हें छिपाया था कि कोई आदमी उन्हें नहीं ढूँढ सकता था।

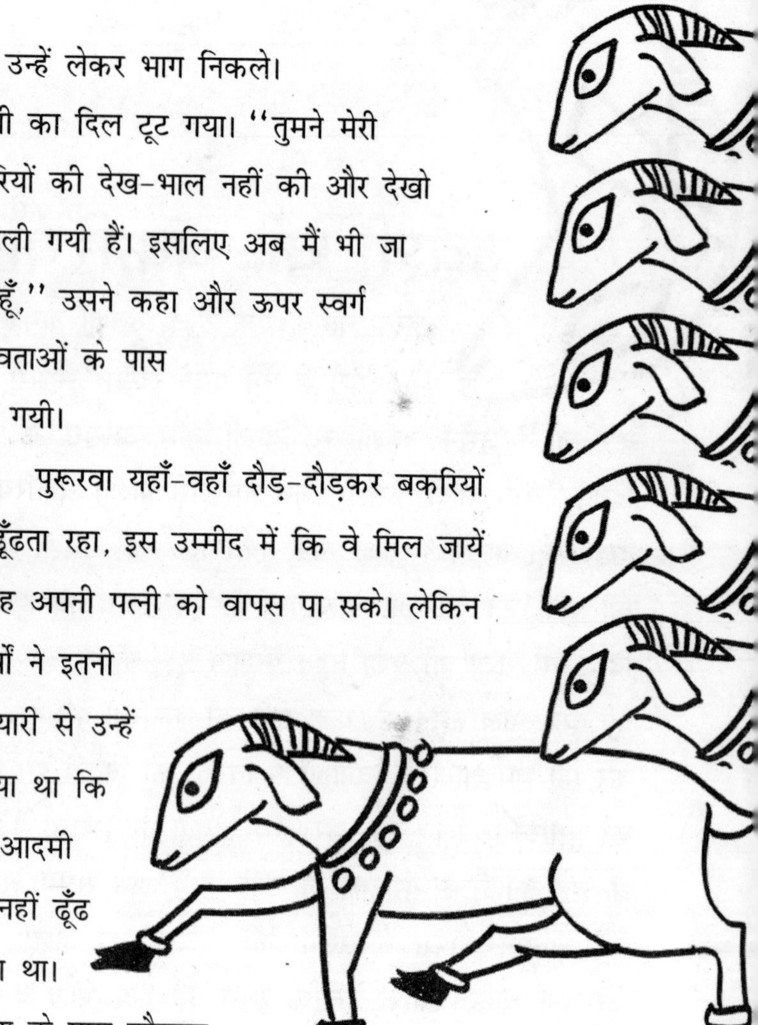

पुरूरवा के पास लौटकर अपने लोगों और अपने राज्य की देख-भाल करके अपने कर्तव्यों को निभाने के अलावा और कोई चारा नहीं बचा था और उर्वशी के पास भी अपने नृत्य से देवताओं का मनोरंजन करने के अलावा कोई विकल्प नहीं था।

शिव का वाहन नन्दी नामक साँड है। सांड बैल से भिन्न होता है। साँड जंगली और छुट्टा होता है और उसे अकेला छोड़ दिये जाने की ज़रूरत होत्ती है। क्रोधित होने पर वह किसी को भी अपने सींगों से घायल कर सकता है, बल्कि जान से भी मार सकता है। साँड को बधिया बैल बनाया जाता है। इस प्रक्रिया से बछड़ा आगे बच्चे पैदा करने के लायक नहीं रहता और बड़े होने पर पालतू और सीधा बन जाता है। उसे बोझ ढोने और हल या गाड़ी खींचने के काम में लगाया जा सकता है। शिव का नन्दी तपस्वी देवता शिव की उन्मुक्त, स्वाधीन प्रकृति का प्रतिनिधित्व करता है।

धरती का उद्धार

एक बार की बात है, हिरण्याक्ष नामक असुर पृथ्वी को समुद्र के नीचे खींच ले गया। पृथ्वी ने ब्रह्मा से मदद की गुहार लगायी। ब्रह्मा की नासिका से एक जंगली वराह निकला जिसके लम्बे दाँत बाहर को निकले हुए थे। वह समुद्र में कूद गया और उसने हिरण्याक्ष को अपने दाँतों से फाड़ डाला, पृथ्वी को अपनी थूथन पर उठाया और समुद्र की सतह पर लाया। यह वराह विष्णु थे।

ऊपर आते समय पृथ्वी देवी इतनी कसकर वराह से चिपकी हुई थीं कि उनके सिकुड़नें पड़ गयीं, जिनसे पर्वत और घाटियाँ बन गयीं। वराह-रूपी विष्णु के दाँत पृथ्वी की सतह में गड़ गये जिससे पृथ्वी अनेक प्रकार की वनस्पतियों और वृक्षों की जननी बनी।

बनैले सुअर के लिए लड़ाई

महाभारत का महान धनुर्धारी अर्जुन एक बार एक बाण चाहता था जिसका नाम था पाशुपत और जो शिव के पास था। इस बाण में सौ जंगली हाथियों का बल था और उस एक बाण से अर्जुन पूरी-की-पूरी सेना को नष्ट कर सकता था। इसलिए अर्जुन ने शिव की एक प्रतिमा बनायी और उसके सामने तपस्या शुरू की। अचानक एक जंगली सुअर जंगल से निकला और अर्जुन की तरफ़ दौड़ा। ऋषियों ने सुअर को देखा तो अर्जुन को सावधान करने के लिए चिल्लाये। अर्जुन ने अपनी तरफ़ आते सुअर को देखा तो तत्काल अपना धनुष उठाकर सुअर तो एक तीर मारा। जैसे ही तीर सुअर को लगा, वह एक तरफ़ को लुढ़क गया और मर गया। जब अर्जुन उसके पास गया तो उसने पाया कि सुअर को एक नहीं दो तीर लगे थे—एक उसका था, दूसरा दूर खड़े किरात, एक आदिवासी शिकारी का। उसने कहा,

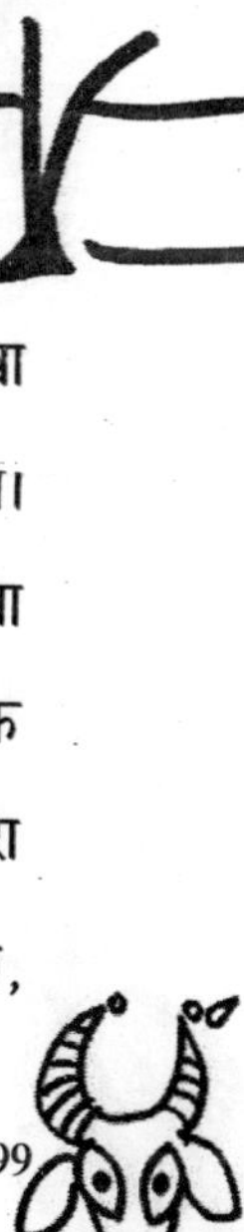

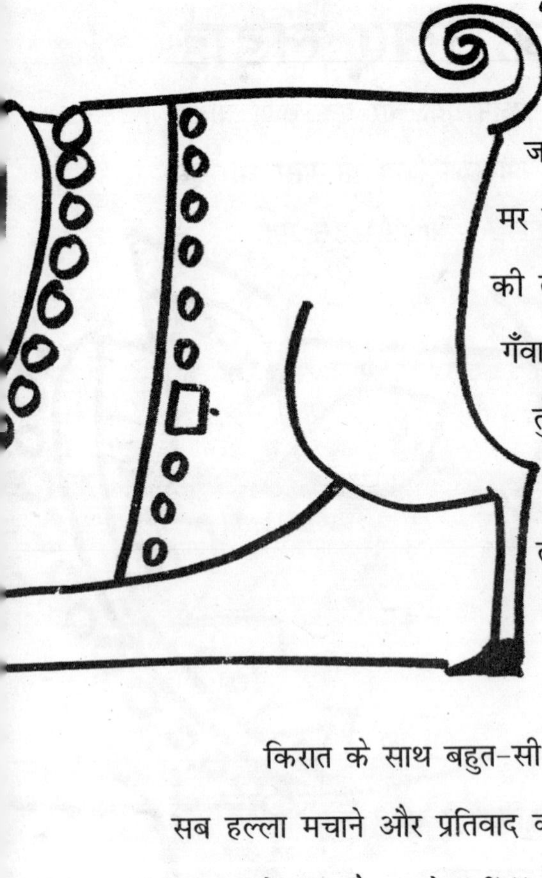

"यह मेरा है। सुअर को मैंने मारा है। तुम्हारा तीर इस जानवर को तब लगा जब यह मर चुका था।" अर्जुन ने किरात की तरफ़ देखा और कहा, "अरे, गँवार वनवासी, तुम्हें पता है कि तुम किससे बात कर रहे हो? मैं दुनिया का सबसे बड़ा तीरन्दाज हूँ। वह मेरा तीर था जो सुअर को लगा, तुम्हारा नहीं।"

किरात के साथ बहुत-सी आदिवासी स्त्रियाँ भी थीं। वे सब हल्ला मचाने और प्रतिवाद करने लगीं। "हमारे आदमी ने सुअर को मारा है, तुमने नहीं," उन्होंने कहा।

अर्जुन क्रुद्ध होकर बोला, "जो मेरा है उस पर अधिकार जमाने की हिम्मत तुम्हें कैसे हुई? तुम सिर्फ़ आदिवासी हो और मैं राजकुमार हूँ। तुमने सुअर पर तब तीर चलाया जब वह मर चुका था।"

किरात अर्जुन के चोट-खाये गर्व को और अपमानित करते हुए मुस्कुराया और बोला, "अगर तुम इतने बलवान हो तो आओ मुकाबला हो जाये। जो जीतेगा उसे सुअर को मारने वाला मान लिया जायेगा।"

अर्जुन राज़ी हो गया और मुकाबला शुरू हुआ। अर्जुन को यह देखकर आश्चर्य हुआ कि किरात काफ़ी बलशाली था। सच तो यह है कि वह अर्जुन पर भारी पड़ रहा था। धनुष-बाण हो या तलवारबाजी या कुश्ती, उसने बड़ी आसानी से अर्जुन को हरा दिया। अर्जुन पसीने से नहा गया था और धूल-मिट्टी में लथ-पथ हो गया था जबकि किरात शान्त और सहज बना रहा। अन्त में अर्जुन को आभास हुआ कि यह कोई आम आदिवासी नहीं था। "कौन हो तुम?" उसने पूछा। तब किरात ने अपना असली रूप धारण किया। वे शिव थे जो अर्जुन की परीक्षा ले रहे थे।

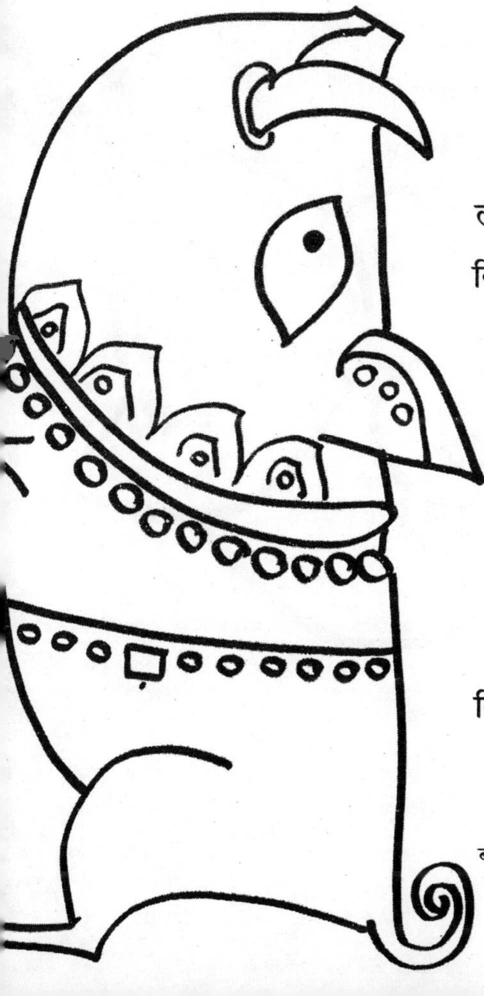

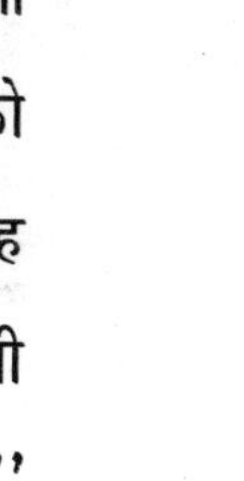

अर्जुन ने समझ लिया कि यह कार्य उसका अहंकार तोड़कर, उसे विनम्रता सिखाने के लिए किया गया था। वह सुअर भी शिव ने ही उसे उकसाने के लिए भेजा था ।

अर्जुन ने शिव को नमन किया, जिन्होंने उसे आशीर्वाद देते हुए पाशुपत नाम का वह बाण भी दे दिया।

अर्जुन के पिता पाण्डु ने एक बार हिरन और हिरनी के एक जोड़े को मार दिया था। उन्हें शाप मिला था कि अगर कभी उन्होंने अपनी पत्नी को छुआ तो उनकी मृत्यु हो जायेगी, क्योंकि किसी हिरन को जब वह अपनी हिरनी के साथ हो तो मारना अपराध था।

एकवीर हैहय

एक दिन सूर्य देवता का पुत्र रेवन्त अपने सफ़ेद रंग के घोड़े पर बैठकर विष्णु के निवास वैकुण्ठ से उस समय गुज़रा जब विष्णु अपनी पत्नी लक्ष्मी के साथ बैठे हुए थे। लक्ष्मी रेवन्त की सुन्दरता पर इतनी मुग्ध हुई कि उसका ध्यान विष्णु की बातों से हट गया। खीझकर विष्णु ने लक्ष्मी को शाप दिया कि वह घोड़ी बनकर पृथ्वी पर तब तक रहेगी जब तक वह एक मानव रूपी सन्तान को जन्म नहीं देती। लक्ष्मी उसी समय गायब हो गयी और विष्णु को अपनी कठोरता पर दुख और पछतावा हुआ। उन्होंने लक्ष्मी को पृथ्वी पर घोड़ी के रूप में स्वतन्त्रता से इधर-उधर घूमते देखा, तो उन्होंने भी एक घोड़े का रूप लेकर लक्ष्मी के साथ घूमना शुरू कर दिया। समय आने

पर उन्होंने एक सन्तान को जन्म दिया। बालक को हैहय (घोड़े से जन्मा) नाम दिया गया और बड़ा होकर वह एक महान वीर बना।

कुरुक्षेत्र के युद्ध के बीच में एक समय आया जब कृष्ण ने देखा कि जो घोड़े उनके रथ को खींच रहे थे, वे थक गये थे। तब उन्होंने अर्जुन से कहा कि वह एक तीर धरती में मारे जिससे पानी का एक सोता फूट पड़े और घोड़ों के लिए पानी का प्रबन्ध हो जाये।

अश्विनी कुमार

सूर्य देवता और उनकी पत्नी सरण्या की कहानी विष्णु की कहानी जैसी ही है। सरण्या देवताओं के शिल्पी विश्वकर्मा की पुत्री थी। सूर्य की किरणें इतनी तीखी और गरम थीं कि सरण्या उनसे दूर भाग गयी। सूर्य को विश्वकर्मा से पता चला कि सरण्या पृथ्वी पर एक घोड़ी का रूप धारण कर उन्मुक्त विचर रही है। तब सूर्य ने एक घोड़े का रूप लिया और धरती पर आकर सरण्या को खोज लिया। इस रूप में सूर्य और सरण्या ने दो बेटों को जन्म दिया, जिन्हें अश्विनी कुमार कहते हैं और जो जुड़वाँ भाई हैं। उन्हें अक्सर घोड़े के सिरों वाले रूप में चित्रित किया जाता है।

प्राचीन काल में, राजा अपने राजकीय घोड़े को खुला छोड़ देता था और उसकी सेना उस घोड़े के पीछे, जहाँ-जहाँ वह जाता था, जाती थी। वे सारे राज्य जिनसे वह घोड़ा बिना रोक-टोक के गुज़रता था, राजा के अधीन हो जाते थे। अगर कोई उस घोड़े को रोकता था तो उसे राजा की सेना का सामना करना पड़ता था। यह प्रथा अश्वमेध यज्ञ कहलाती थी।

उच्चैश्रवा की पूँछ

इससे पहले आपने वह कहानी पढ़ी थी कि कैसे गरुड़ ने अपने को और अपनी माँ को दासत्व से मुक्त कराया था। आइये, अब देखें, कि उसकी माँ विनता नागों की दासी कैसे बनी थी।

एक दिन भोर के समय विनता और कद्रु, दोनों बहनों ने एक सफ़ेद घोड़े को पूर्वी क्षितिज पर उड़ते देखा। यह उच्चैश्रवा था– वह उड़ने वाला घोड़ा, जो समुद्र मन्थन के बाद बाहर आया था। विनता ने चहककर कहा, "कितना सुन्दर सफ़ेद घोड़ा है!" कद्रु बोली, "सफ़ेद? नहीं वह पूरा सफ़ेद नहीं है। उसकी पूँछ काली है।"

विनता असहमत हुई और उसने ज़ोर देकर कहा कि घोड़ा पूरा सफ़ेद है। कद्रु ने बहस की कि वह गलत है और उसकी आँखें कमज़ोर हैं। लड़ाई तब तक चलती रही, जब तक कि अन्त में कद्रु ने एक शर्त नहीं रख दी, "अगर मैं यह साबित कर दूँ कि घोड़े की पूँछ के बाल काले हैं तो

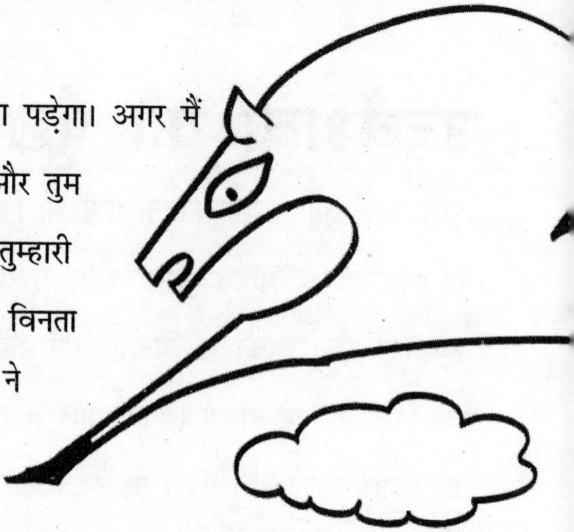

तुम्हें मेरी दासी बनना पड़ेगा। अगर मैं सिद्ध न कर पायी और तुम सही निकलीं तो मैं तुम्हारी दासी बन जाऊँगी।'' विनता राज़ी हो गयी। दोनों ने फैसला किया कि वे अगली सुबह पूर्वी क्षितिज की तरफ़ मुँह करके खड़ी होंगी और उच्चैश्रवा की पूँछ को जाँचेंगी।

उस रात कद्रु ने अपने बच्चों से कहा, ''तुम में से कुछ जिनकी चमड़ी काली है, जाकर उच्चैश्रवा की पूँछ से चिपक जाओ। भोर में जब घोड़ा पूर्वी आकाश को पार करते हुए उड़ेगा तो ऐसा लगना चाहिये जैसे उसकी पूँछ काली है। तब विनता को मानना पड़ेगा कि मैं सही थी और वह मेरी दासी बन जायेगी।''

कद्रु के कुछ बच्चों को धोखाधड़ी का यह विचार पसन्द नहीं आया और उन्होंने आपत्ति की। कद्रु ने उन्हें लात लगायी और शाप दिया, ''एक दिन एक राजा दुनिया के सभी नागों को मारने के लिए यज्ञ करेगा। उस दिन तुममें से, जिन्होंने

मेरी आज्ञा का पालन नहीं किया है, उस आग में ज़िंदा भुन जाओगे।''

अपनी माँ के क्रोध से डरकर कुछ नाग उच्चैश्रवा के पास गये। वे सरकते हुए उसकी घनी पूँछ से जा चिपके और जब भोर में घोड़ा पूर्वी क्षितिज पर उड़ा, तो वे उसकी पूँछ से चिपके रहे। दूर से कद्रु और विनता ने उस घोड़े को देखा और जहाँ वे खड़ी थीं, वहाँ से ऐसा लगता था कि घोड़े की पूँछ में सचमुच काले बाल भी हैं। विनता समझ गयी कि कद्रु ने कोई चाल चली होगी, लेकिन उसके पास इस बात को सिद्ध करने का कोई उपाय नहीं था। उसके पास कद्रु की दासी बनने के अलावा कोई चारा नहीं रह गया था।

रुचिक नामक एक ऋषि राजकुमारी सत्यवती से विवाह करना चाहते थे। लेकिन सत्यवती के पिता नहीं चाहते थे कि उसकी शादी एक तपस्वी से हो। इसलिये उन्होंने एक ऐसी शर्त रख दी, जो वे सोचते थे कि नहीं पूरी हो पायेगी, "मुझे एक हज़ार सफ़ेद घोड़े लाकर दो, जिनमें से हर घोड़े का एक कान काला हो और तब तुम मेरी कन्या से विवाह कर सकते हो।" रुचिक ने वरुण से विनती की और वरुण देव ने उन्हें एक हज़ार सफ़ेद घोड़े दे दिये। जिनमें से हर घोड़े का एक कान काला था। उपहार के रूप में इन घोड़ों को लेकर रुचिक सत्यवती के पिता के पास गये और सत्यवती से विवाह करने में सफल हो गये।

सुनहरा हिरन

जब राम अपने भाई लक्ष्मण और पत्नी सीता के साथ वन में रह रहे थे, तो एक दिन वन के राक्षसों से उनकी लड़ाई हो गयी। राक्षसों के राजा रावण ने सीता का अपहरण करके उसे अपने राज्य लंका नामक द्वीप में ले जाने का फैसला किया, लेकिन ऐसा कर पाने के लिए ज़रूरी था कि वह सीता को अकेली पाये। उसे दोनों भाइयों को उनकी कुटिया से दूर ले जाना आवश्यक था, लिहाजा उसने अपने सेवक बहुरूपिया मारीच से कहा कि वह एक सोने के हिरन का रूप धारण कर राम की कुटिया के चारों ओर चक्कर लगाये। मारीच एक दिव्य सुनहरे हिरन में बदल गया। उसके सुन्दर सींग थे और शानदार खाल जो सूरज की रोशनी में दमकती थी। सीता ने इस अद्भुत जीव को देखा, तो राम से विनती की कि वे उसे यह हिरन ला दें।

सीता को प्रसन्न करने के लिए राम ने अपना धनुष उठाया और उस हिरन के पीछे-पीछे इस संकल्प के साथ दौड़े कि उसे ज़िन्दा-या मुर्दा पकड़ लायेंगे। अगर वह मर गया तो वह हिरन सीता के लिए मृगछाला का काम देगा और अगर

ज़िन्दा पकड़ा गया, तो वह एक सुन्दर पालतू जानवर का काम देगा। "तुम यहीं रुककर सीता की रक्षा करो," राम ने लक्ष्मण को निर्देश दिया।

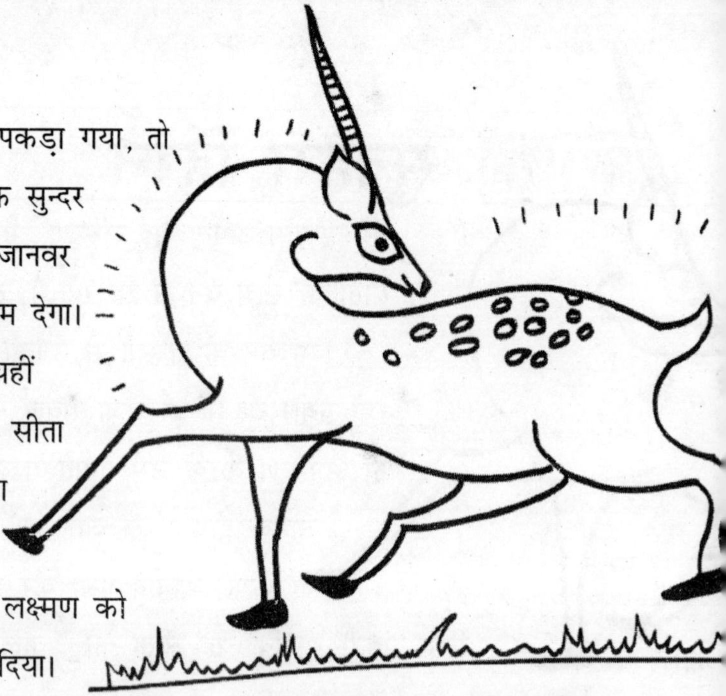

घंटों बीत गये। न राम का कुछ पता था, न हिरन का। फिर अचानक वन से एक आवाज़ सुनायी दी, "बचाओ, लक्ष्मण, मुझे बचाओ सीता!" आवाज़ राम की लगी, पर वह असल में मारीच था, जिसने अपनी आवाज़ बदल ली थी ताकि राम जैसी लगे। यह सुनकर सीता ने राम को बचाने के लिए लक्ष्मण को भेज दिया। दोनों भाइयों के चले जाने पर सीता कुटिया में अकेली रह गयीं, असुरक्षित। इससे रावण को वह अवसर मिल गया जिसके लिये वह प्रतीक्षा कर रहा था। इस तरह एक हिरन ने रामायण की घटनाओं की दिशा तय करने में अपनी भूमिका अदा की थी।

कामधेनु

यह देवताओं की वह दिव्य गाय है जो समुद्र मंथन में निकली थी और ऋषि वशिष्ठ को दी गयी थी। यह सारी कामनाएँ पूरी कर देती थी। यह सिर्फ़ दूध ही नहीं देती थी, बल्कि जो आपका जी चाहता, आपको प्रदान कर सकती थी। स्वाभाविक रूप से बहुत-से लोगों ने उसे चुराने की कोशिश की थी और हरेक को अन्त में शाप मिला था।

जो बात लोग नहीं समझते थे, वह यह कि हालाँकि कामधेनु किसी आदमी को जो वह चाहता दे सकती थी, लेकिन ऋषि वशिष्ठ कुछ नहीं चाहते थे। यही कारण था कि कामधेनु को उनके साथ रहना पसन्द था।

कामधेनु की एक बेटी थी, सुरभि और सुरभि की एक बेटी थी नन्दिनी। तीनों दैवी गायें थीं, जो मनुष्य की किसी भी इच्छा को पूरा

कर सकती थीं। लेकिन वे हमेशा उन व्यक्तियों की तरफ़ आकर्षित होती, जो किसी चीज़ की इच्छा नहीं करते थे। वे उन लोगों से दूर भागती थीं, जो लालची थे और हमेशा अधिक से अधिक की कामना करते रहते थे।

भैंस या महिष कभी-कभी एक राक्षस का रूप धारण कर लेता है जिसे महिषासुर कहते हैं। इसे शेर पर सवारी करने वाली दुर्गा ने परास्त करके मार दिया था, लेकिन भारत के बहुत-से हिस्सों में दुर्गा के सबसे बड़े भक्त को म्हसो-बा या पोट-राज भी कहते हैं। जिसका मतलब है महिष सम्राट। इस तरह भैंस को पुराणों में मित्र और शत्रु, दोनों रूपों में देखा जाता है।

पशु हमेशा डरे-डरे रहते हैं कि अगर वे सतर्क न रहें तो कोई शिकारी उनका शिकार कर लेगा। हिरन इसीलिए हमेशा बेचैन और चिन्तित रहता है। पशुपति की अपनी भूमिका में शिव अपनी हथेली में हिरन को लिये और उसे सान्त्वना देते दिखाये जाते हैं। उद्विग्न हिरन मन का भी प्रतीक है। योगेश्वर के रूप में योगिराज शिव मन-मस्तिष्क को शान्त करते हैं।

अध्याय 6

पंजों वाले जीव सरमा की सन्तानें

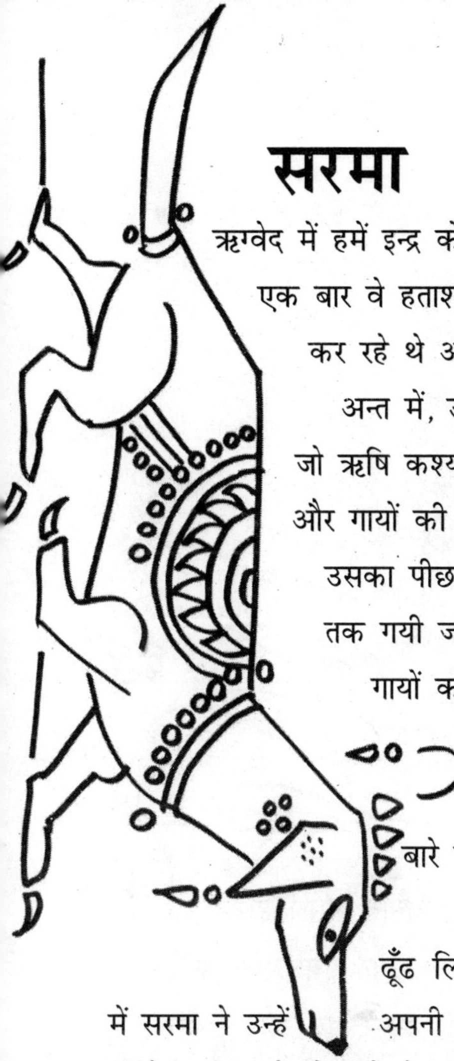

सरमा

ऋग्वेद में हमें इन्द्र के बारे में एक कथा मिलती है। एक बार वे हताशापूर्वक अपनी गायों की तलाश कर रहे थे और वे उन्हें मिल नहीं रही थीं। अन्त में, उनकी पालतू कुतिया, सरमा, ने जो ऋषि कश्यप की पत्नी थी हवा को सूंघा और गायों की गन्ध का पता लगा लिया। वह उसका पीछा करती हुई उन दानवों के गढ़ तक गयी जो पणि कहलाते थे। वहाँ उसने गायों को बन्द देखा। फिर वह दौड़कर अपने स्वामी के पास आयी और इन्द्र को अपनी खोज के बारे में बताया। "मुझे कैसे विश्वास होगा कि तुमने मेरी गायों को ढूँढ लिया है?" इन्द्र ने पूछा। जवाब में सरमा ने उन्हें अपनी जीभ पर लगा दूध दिखाया जो उसने बन्दी गायों के थनों से चाटा था। इन्द्र ने सरमा पर सन्देह करने के लिए खेद प्रकट किया। उसकी मदद के लिए उसे धन्यवाद दिया और फिर पणियों के गढ़ से अपनी गायों को छुड़ाने के लिए हमला किया।

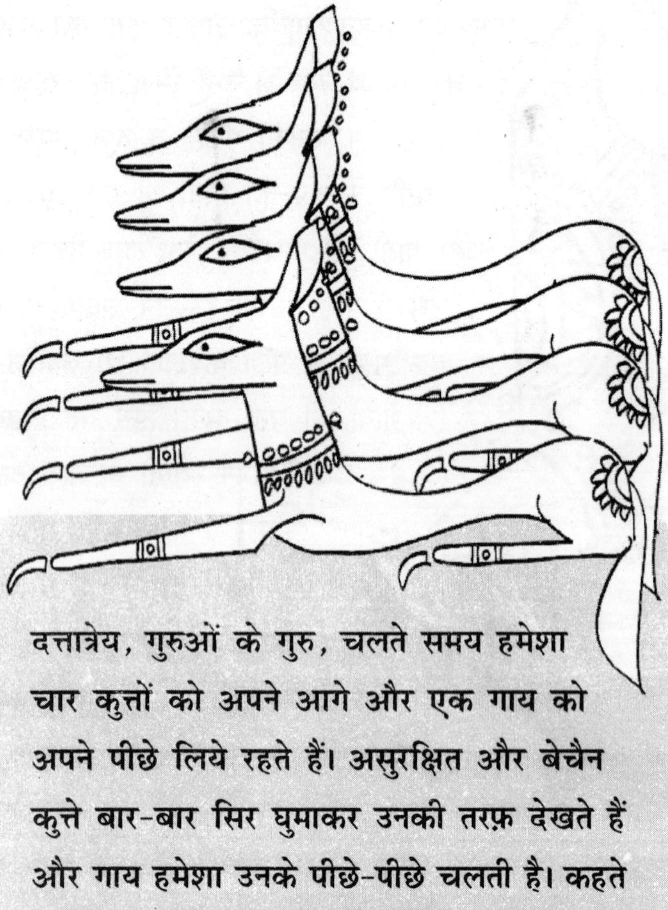

दत्तात्रेय, गुरुओं के गुरु, चलते समय हमेशा चार कुत्तों को अपने आगे और एक गाय को अपने पीछे लिये रहते हैं। असुरक्षित और बेचैन कुत्ते बार-बार सिर घुमाकर उनकी तरफ़ देखते हैं और गाय हमेशा उनके पीछे-पीछे चलती है। कहते हैं कि ये चार कुत्ते, ज्ञान के चार ग्रन्थ, चार वेद हैं और गाय, सम्पत्ति की देवी, लक्ष्मी है।

स्वर्ग में कोई कुत्ता नहीं

अपने राज्य पर छत्तीस वर्ष तक शासन करने के बाद, पाँचों पाण्डव भाइयों और द्रौपदी ने तय किया कि अब मुक्त होने का समय आ गया है। सो, उन्होंने जो कुछ उनके पास था वह सब अपने बच्चों और अपनी प्रजा को दे दिया और पहाड़ों की तरफ़ निकल गये। "हम कहाँ जायेंगे?" द्रौपदी ने अपने पहले पति, सबसे बड़े पाण्डव, युधिष्ठिर से पूछा।

"स्वर्ग, पहाड़ों और बादलों के ऊपर," युधिष्ठिर ने जवाब दिया, "अगर हमने सदाचारी जीवन जिया है तो देवता हमें वहाँ प्रवेश करने देंगे।"

लेकिन जैसे-जैसे वे छः लोग पहाड़ों पर चढ़ते गये एक-एक करके गिरने लगे। युधिष्ठिर ने समझ लिया कि देवता उनकी पत्नी को इतना सदाचारी नहीं मानते कि उसे स्वर्ग में आने दें, न उनके भाइयों को। अन्त में वे स्वर्ग के द्वार पर अकेले आकर खड़े हो गये। देवताओं ने उनका स्वागत किया, पर उनसे कहा, "केवल तुम अन्दर आ सकते हो, वह कुत्ता नहीं, जो तुम्हारे पीछे खड़ा है।"

युधिष्ठिर ने मुड़कर देखा तो पाया कि एक कुत्ता उनके पीछे खड़ा दुम हिला रहा है। वह पाण्डवों के पीछे-पीछे उनके नगर की गलियों से होकर पर्वतों के कठिन मार्गों से कष्ट सहता हुआ, स्वर्ग के द्वार तक आ पहुँचा था।

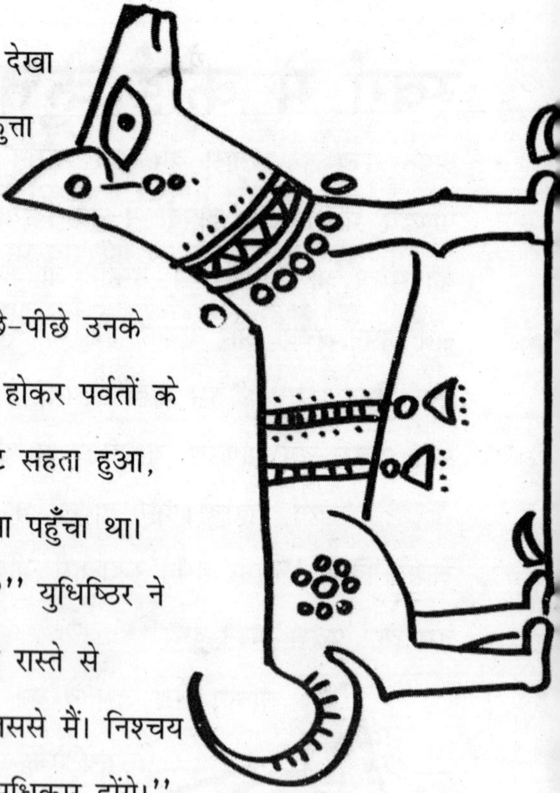

"ऐसा क्यों?" युधिष्ठिर ने पूछा, "यह भी उसी रास्ते से चलकर आया है, जिससे मैं। निश्चय ही इसके भी वही अधिकार होंगे।"

देवताओं ने कहा कि स्वर्ग में मनुष्य आ सकते हैं मगर कुत्ते नहीं। युधिष्ठिर ने पलटकर तर्क दिया कि कुत्तों और मनुष्यों में अन्तर सिर्फ़ बाहरी हाड़-मांस का होता है—आत्मा एक-सी होती है। "अगर इस कुत्ते को अन्दर नहीं आने दिया गया तो मैं भी नहीं आऊँगा," उन्होंने दृढ़ता से कहा।

देवता मुस्कुराये और उन्होंने युधिष्ठिर को आशीर्वाद दिया, "तुम अन्तिम परीक्षा में भी सफल हुए। यह कुत्ता, धर्म है और धर्म का मतलब है, दूसरों की ज़रूरतों का खयाल रखना। स्वर्ग में अपने प्रवेश को दाँव पर लगाकर कुत्ते का पक्ष लेकर तुमने साबित कर दिया है कि तुम धर्म के सच्चे पालक हो, इसलिए आओ अन्दर आओ।"

अपने सबसे भयंकर रूप में शिव, 'भैरव' के नाम से जाने जाते हैं। भय के देवता भैरव के रूप में वे नगर के रक्षक होते हैं, यानी कोतवाल जो कुत्ते की सवारी करता है। भैरव का कुत्ता अहं का भी प्रतीक है। अहं हमारे मन-मस्तिष्क का वह हिस्सा है जो बाहरी दुनिया से ध्यान खींचता और समर्थन चाहता है। जब अहं ध्यान आकर्षित कर पाता है, तो वह प्रसन्न रहता है। कुत्ते की तरह दुम हिलाता हुआ और जब अहं को उपेक्षा का सामना करना पड़ता है या उसका समर्थन नहीं होता तो वह उसी तरह असुरक्षित महसूस करता है जैसे कोई कुत्ता अपने मालिक का प्यार न पाने पर रिरियाता है और पूँछ दबा लेता है। अपने इलाके की रक्षा करने के लिए जैसे कुत्ता भौंकता है, वैसे ही जब अहं को लगता है कि उस पर खतरा है तो वह बिगड़ैल बन जाता है। उस पर सवारी करके भैरव हमारे असुरक्षित अहं को काबू में रखता है।

ऋक्ष

एक समय की बात है, ऋक्ष नामक एक वानर था। वह वानरों की भूमि किष्किन्धा का राजा था। एक बार वह एक सरोवर में गिर गया और एक स्त्री के रूप में बाहर आया। यह स्त्री इतनी सुन्दर थी कि वर्षा का देवता, इन्द्र, उससे प्रेम करने लगा। उनका वाली नामक बेटा हुआ। आगे चलकर सूर्य देव भी उस स्त्री से प्रेम करने लगे और उनकी भी एक सन्तान हुई–सुग्रीव नामक बेटा। ऋक्ष अपने बेटों के साथ खुश था, लेकिन एक दिन वह फिर एक सरोवर में गिर पड़ा और दोबारा से वानर बनकर बाहर आया। उसके दोनों बेटों ने उसे नहीं पहचाना। वे डरकर भाग गये और उन्होंने जाकर गौतम ऋषि के आश्रम में शरण ले ली। गौतम ऋषि की पत्नी अहल्या को उन पर दया आ गयी और उसने उन्हें अपने बल पर

पालने का फैसला
किया। एक दिन
गौतम ऋषि
वाली और
सुग्रीव,
दोनों पर
नाराज़ हो गये।
"तुम दोनों वानरों

से बेहतर नहीं हो। जाओ वानर बन जाओ," वे बोले। दोनों भाई वानर बन गये और जंगल में भाग गये। वहाँ उनको ऋक्ष ने आसरा दिया। जो सारा समय उन की निगरानी करता रहा था।

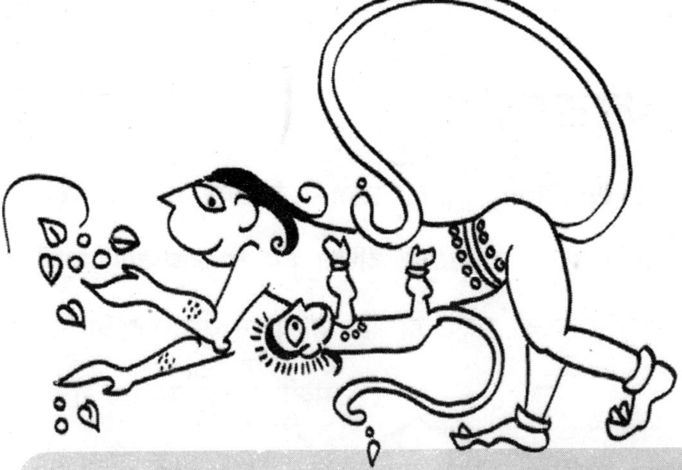

दो तरह के नायक होते हैं। कुछ नायक अपने लोगों की देख-भाल ऐसे करते हैं जैसे बिल्ली करती है–जो अपने बच्चों को गर्दन के पीछे की खाल से पकड़कर एक सुरक्षित जगह से दूसरी सुरक्षित जगह ले जाती है। दूसरे प्रकार के नायक आशा करते हैं कि उनके अनुयायी उनसे ऐसे चिपके रहेंगे जैसे बन्दर के बच्चे अपनी माँ से चिपके रहते हैं।

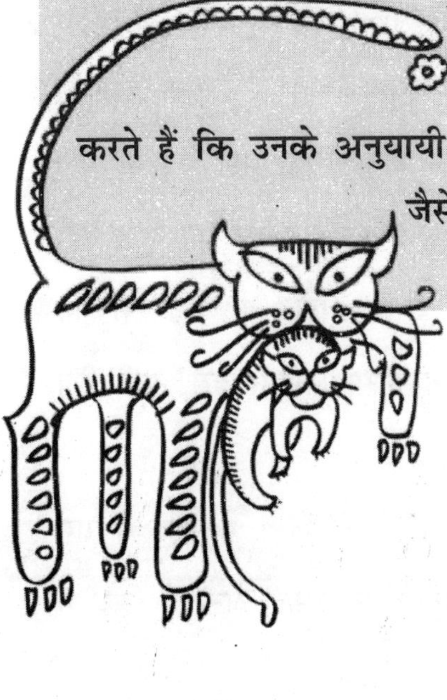

जाम्बवान

जब राम अपनी पत्नी सीता की खोज में, जिसका अपहरण राक्षस राजा रावण ने कर लिया था, दक्षिण गये तो जाम्बवान नामक एक भालू ने उनकी मदद की थी। जाम्बवान बुद्धिमान था और उसकी सलाह पर राम रावण को परास्त करके सीता को बचाकर लाने में सफल हुए।

"मैं तुम्हें एक वर देना चाहता हूँ," राम ने आभार प्रकट करते हुए जाम्बवान से कहा।

जाम्बवान ने जवाब दिया, "मैं एक पशु हूँ। मुझे जो चाहिये, यहाँ वन में मिल जाता है, इसलिए मेरे पास सचमुच आपसे माँगने को कुछ नहीं है। लेकिन आपके साथ इतना समय बिताने के दौरान मैं यह सोचता था कि आपसे लड़ने में कैसा लगेगा। बस, यही मेरी इच्छा है।"

राम ने मुस्कुराकर कहा, "इस जन्म में जब मैं राम हूँ, मैं तुमसे नहीं लड़ूँगा। लेकिन अपने अगले जन्म में, जब मैं

कृष्ण के रूप में फिर से जन्म लूँगा, तब मैं लड़ूँगा और हमारे पास लड़ने का एक उचित कारण भी होगा।''

सैकड़ों साल बाद, राम कृष्ण के रूप में पृथ्वी पर अवतरित हुए और मथुरा नामक शहर में रहने लगे। मथुरा में एक युवा राजकुमार भी था, सुरजित, जिसे सूर्य देवता ने स्यमन्तक नामक मणि दी थी। सुरजित का भाई प्रसेनजित वन में शिकार के लिए उस मणि को पहनकर गया हुआ था। वह मरा हुआ पाया गया किन्तु मणि गायब थी। यह जानने के लिए कि हुआ क्या था, कृष्ण ने प्रसेनजित के शव के चारों ओर देखा और किसी शेर के पंजों के निशान उन्हें दिखायी दिये। वे उन निशानों पर चलते-चलते एक मरे हुए शेर के शव के पास पहुँचे। शेर के शव के पास से एक भालू के पंजों के निशान जाते हुए दिखायी दे रहे थे।

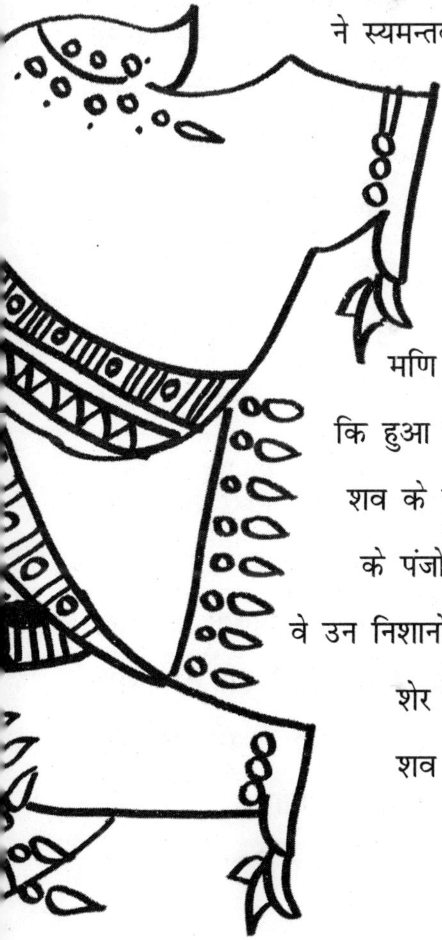

वे इन निशानों पर चलते हुए एक गुफ़ा तक पहुँचे जहाँ उन्होंने एक भालू के बच्चे को उस मणि से खेलते देखा। कृष्ण ने वह मणि ले ली। तो बच्चा रोने लगा। बच्चे भालू का रोना सुनकर पिता भालू बाहर आया। वह जाम्बवान था। उसने कृष्ण को उस मणि के साथ देखा तो उन पर हमला कर दिया। कृष्ण और भालू बहुत देर तक कुश्ती करते रहे। एक-दूसरे को भयंकर घूँसे मारते और एक-दूसरे पर प्रहार करते हुए, अन्त में कृष्ण भालू को हराने में सफल हो गये।

"आपने मुझे हरा दिया है तो आप ज़रूर राम होंगे, पुनर्जन्म के बाद। और आप फिर से जन्मे राम हैं, तो मैं आपको नमन करता हूँ और अपनी बेटी जाम्बवती का हाथ आपको विवाह के लिए प्रस्तुत करता हूँ।" इस तरह राम से लड़ने की जो इच्छा जाम्बवान के मन में थी वह पूरी हुई और जाम्बवती कृष्ण की पत्नी बन गयी।

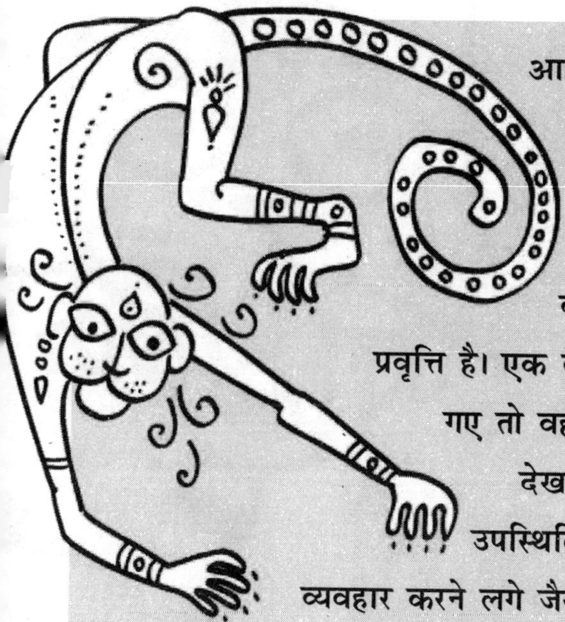

आम-तौर से पशुओं के स्वभाव में दूसरे की मदद करने की भावना नहीं रहती। वह तो एक मानवीय प्रवृत्ति है। एक बार जब राम वन में गए तो वहाँ उन्हें अजीब दृश्य देखने को मिला। उनकी उपस्थिति में सभी पशु ऐसा व्यवहार करने लगे जैसा कि उन्होंने पहले कभी नहीं किया था। वे राम की मदद करने के लिए हर सम्भव कोशिश करते। जब रावण ने राम की पत्नी सीता का अपहरण कर लिया, तो जटायु नामक गिद्ध ने रावण को रोकने के लिए अपने प्राणों को दाँव पर लगा दिया। आगे चलकर वानर और भालू इकट्ठे होकर पता लगाने लगे कि रावण सीता को कहाँ ले गया था। सीता का पता दक्षिण के एक टापू में लगाकर वानरों और भालुओं ने असम्भव कार्य को कर दिखाया—उन्होंने समुद्र के पार लंका तक पत्थरों का एक पुल बनाया। फिर उन्होंने एक सेना बनायी और राम के पीछे-पीछे रावण को हराकर सीता को छुड़ाने के लिए लंका भी गये।

मणिकण्ठ

एक राजा और उनकी रानी बड़े दुखी रहते थे, क्योंकि बहुत वर्ष बीत जाने पर भी वे सन्तान का मुँह नहीं देख पाये थे। लिहाज़ा उन्होंने हरि और हर से प्रार्थना की, जिन्होंने उन्हें एक बेटा प्रदान किया। राजा और रानी ने इस दत्तक पुत्र का नाम मणिकण्ठ रखा। बड़ा होकर वह सुन्दर युवक बहुत साहसी वीर बना और सिंहासन का उत्तराधिकारी बनने वाला था कि तभी रानी गर्भवती हुई और उसने एक बेटे को जन्म दिया। राजा के पास अब दो बेटे थे–एक जो हरि और हर ने दिया था और दूसरा जो रानी से जन्मा था। रानी चाहती थी कि मणिकण्ठ नहीं, बल्कि उसका अपना बेटा राजा बने। ''आखिरकार, मणिकण्ठ तो दत्तक पुत्र है, मेरा अपना बेटा नहीं,'' उसने कहा।

उसने मणिकण्ठ से पीछा छुड़ाने का एक उपाय सोचा। उसने बीमार पड़ने का बहाना किया और वैद्य से कहलवाया कि उसकी बीमारी का एक ही इलाज था, उसे शेरनी का दूध लाकर देना। फिर उसने कहा कि मणिकण्ठ ही उसके लिए यह काम करे।

"हमारी विशाल सेना का कोई और वीर क्यों नहीं?" राजा ने रानी से पूछा।

"नहीं," रानी ने कहा। "मैं चाहती हूँ कि हमारा बेटा ही मेरे लिए दूध लाये, दूसरा कोई नहीं।"

सो मणिकण्ठ शेरनी को दुहने के लिए उसकी खोज में वन के भीतर गया। अब तक राजा ने भाँप लिया था कि यह योजना रानी ने मणिकण्ठ को रास्ते से हटाने के लिए बनायी थी। उन्होंने हरि और हर से मणिकण्ठ की रक्षा करने के लिए प्रार्थना की। लेकिन राजा को डरने की ज़रूरत नहीं थी।

कुछ दिन बाद पूरे राज्य ने एक अद्भुत दृश्य देखा। मणिकण्ठ एक बाघ पर सवार होकर वापस आया। उसके पीछे बहुत-सी बाघिनें थीं। उसके हाथ में बाघिन के दूध से भरा मटका था। यह रानी को दे दिया गया। तब रानी ने समझ लिया कि उसका दत्तक पुत्र कोई मामूली मनुष्य नहीं था।

वह देवताओं की सन्तान था। मणिकण्ठ ने रानी से कहा कि वह सिंहासन पर सारे अधिकार त्याग देगा और उसका असली बेटा ही राजा बनेगा। फिर मणिकण्ठ एक पर्वत पर चला गया और वहाँ योग मुद्रा में बैठ गया। वह अब भी वहीं है बाघों से भरे वन में। उसे सब अयप्पा कहते हैं और उस पर्वत को सबरी–मलाई।

शेर को जंगल का राजा कहा जाता है। वह जंगल का सबसे ताकतवर जीव होता है। उसे किसी और जानवर से हमले का डर नहीं रहता। फिर भी उसे देवी दुर्गा ने काबू में किया है, जो उस पर ऐसे सवारी करती हैं जैसे दूसरे वीर घोड़े पर। युद्ध से पहले योद्धा, दुर्गा का आह्वान करते हैं क्योंकि वह राजाओं और योद्धाओं की देवी है। उसके नाम का मतलब है 'जिसे जीता न जा सके।' शेर पर सवारी करके वह एक सन्देश देती है कि वह जंगल के राजा से ज़्यादा ताकतवर है। राजा का सिंहासन (सिंह+आसन) पर बैठना इस बात का प्रतीक है कि उन्हें दुर्गा की तरह होना चाहिए। मंगल का सम्बन्ध युद्ध और आक्रमण से है। उसे भी शेर पर बैठा दिखाया जाता है।

दिलीप

एक दिन रघुकुल के राजा, दिलीप ने एक शेर को एक गाय पर झपटते देखा। वे गाय की रक्षा को दौड़े। अपना धनुष उठाया और शेर को तीर मारने को हुए। इस पर शेर ने कहा, ''अगर मैं इस गाय को नहीं खाऊँगा तो क्या खाऊँगा? क्या तुम चाहते हो कि मैं और मेरे बच्चे भूखे मर जायें?''

राजा को बात समझ में आ गयी कि गाय को बचाने के प्रयास में वे शेर को अनचाहे ही भूख के हवाले किये दे रहे थे। ''मुझे खा लो,'' उन्होंने शेर से कहा, ''पर गाय को छोड़ दो।''

दिलीप की इस घोषणा पर शेर बहुत प्रसन्न हुआ। ''दूसरे के लिए अपनी बलि देना धर्म की निशानी है। पशु ऐसा

नहीं कर सकते। सिर्फ़ मनुष्य ऐसा कर सकते हैं। और जब मनुष्य यह करेंगे तभी वे देवत्व तक पहुँच सकेंगे,'' यह कहकर शेर ने राजा दिलीप को आशीर्वाद दिया।

गजेन्द्र

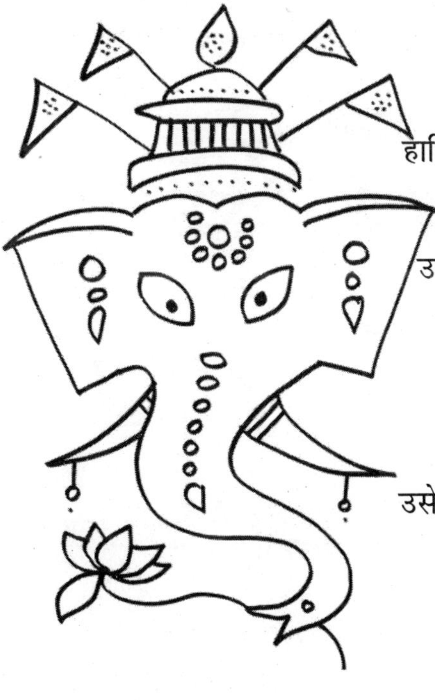

एक कथा है कि एक बार हाथियों का राजा, गजेन्द्र कमल सरोवर में नहा रहा था। उसके साथ उसकी रानियाँ भी थीं। वे आनन्द कर रहे थे। अचानक एक मगरमच्छ ने उसकी टाँग पकड़ ली और उसे नदी के नीचे घसीटने लगा, ताकि उसे खा सके। गजेन्द्र ने सहायता

के लिए गुहार लगायी, पर उसकी कोई रानी उसकी मदद के लिए नहीं आयी। असहाय और अकेला पड़ जाने पर गजेन्द्र ने स्वर्ग में विष्णु को पुकारा। विष्णु तत्काल गरुड़ पर सवार होकर गजेन्द्र को बचाने दौड़े। अपना सुदर्शन चक्र फेंककर उन्होंने मगरमच्छ की गरदन काट दी और इस तरह गजेन्द्र का उद्धार किया।

आकाश का देवता, देवराज इन्द्र ऐरावत नामक हाथी पर सवार होकर चलता है, जिसकी चमड़ी सफ़ेद है और छः दाँत और सात सूंड़ें हैं।

राम की गिलहरी

राम को एक पुल बनाना था ताकि वे समुद्र पार करके लंका द्वीप से अपनी पत्नी, सीता को छुड़ा लायें, जिसे राक्षस-राज रावण ने वहाँ बन्दी बना रखा था। बहुत-से पशु-पक्षियों ने पुल बनाने में राम की मदद की। अधिकतर वानरों ने, लेकिन हाथियों, हिरनों और कौवों ने भी। मदद करने वालों में एक गिलहरी भी थी। वह पानी में कूदती और फिर रेत पर लोटती ताकि रेत के कण उसकी खाल से चिपक जायें। फिर वह दौड़कर पुल पर जाती और वहाँ रेत के कण झाड़ देती। इस तरह वह पुल बनाने के काम में अपना योगदान करती। बन्दरों को गिलहरी का यह उत्साह कुछ खिझा-सा रहा था। वह बार-बार उनके रास्ते में आ रही थी। इसलिए उन्होंने उसे परे धकेल दिया, लेकिन राम ने उसे उठा लिया और ढाढ़स बँधाया।

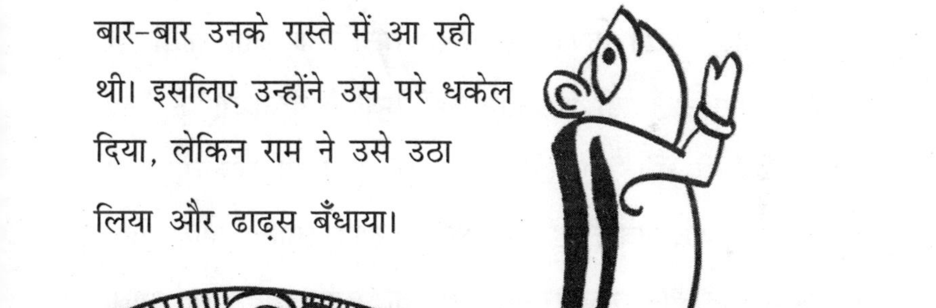

आभार प्रकट करने और उसका उत्साह बढ़ाने के लिए राम ने अपनी उँगलियाँ उसकी पीठ पर फिरायीं, तो उसकी पीठ पर धारियाँ बन गयीं।

सुनहरा नेवला

युधिष्ठिर ने एक बार एक बड़ा यज्ञ किया, जिसके बाद सैकड़ों लोगों को भोजन कराया गया। जैसे ही कर्मकाण्ड सम्पन्न होने की तरफ़ बढ़ रहा था, पुरोहितों ने एक अजीब दृश्य देखा। एक नेवला उस जगह पर आया जहाँ यज्ञ किया गया था। उसका आधा शरीर सोने जैसा दमक रहा था। नेवला चलता हुआ हवन कुण्ड के अन्दर चला गया जहाँ थोड़ी देर पहले आग जल रही थी और जहाँ राजा ने देवताओं के लिए आहुतियाँ दी थीं। आग तो बुझायी जा चुकी थी और कुण्ड में अब राख थी। नेवले ने उस राख में लोट लगायी और कहा, ''अगर यह यज्ञ सच्ची बलि था तो मेरा बचा हुआ आधा शरीर भी सोने का हो जाये।'' लेकिन ऐसा नहीं हुआ। तब नेवले ने दुख से कहा, ''महान युधिष्ठिर का यज्ञ भी उस गरीब आदमी के जैसा नहीं है, जिसकी बलि ने मेरे आधे शरीर को सोने का कर दिया था।''

पुरोहितों को नेवले की बातें समझ में नहीं आयीं और उन्होंने नेवले से सफ़ाई माँगी। नेवले ने विस्तार से बताया, "कुछ साल पहले सूखे के दौरान एक किसान ने चावल के कुछ दाने अपने परिवार को खिलाने के लिए इकट्ठे किये थे। ठीक उस समय जब वह परिवार भात खाने जा रहा था, एक अजनबी ने दरवाज़ा खटखटाया। वह एक यात्री था, बूढ़ा, थका हुआ, बीमार और बहुत भूखा। भूख से मरते किसान और उसके परिवार ने अपना भात, जिसे वे खाने जा रहे थे, उस यात्री को दे दिया। अजनबी ने खाना खाया और सन्तुष्ट होकर आगे बढ़ गया। लेकिन उस रात किसान और उसका परिवार भूख से मर गये, क्योंकि उन्होंने कई दिनों से कुछ नहीं खाया था। मैं उनके घर में घुसा और मैंने उस थाली में लोट लगायी जिसमें उन्होंने अजनबी को भात परोसा था। नतीज़ा यह हुआ कि मेरा आधा शरीर सोने का हो गया। तब से मैं दुनिया भर में

घूमता रहता हूँ कि वैसा ही त्याग मुझे देखने को मिले, जैसा उस किसान ने किया था ताकि मेरा बचा हुआ आधा शरीर भी सोने का हो जाये। दुर्भाग्य से अभी तक न ऐसा यज्ञ मिला, न ऐसा त्याग।'' और इस तरह युधिष्ठिर को समझ में आया कि सच्चा त्याग दूसरे को कोई चीज़ देने में होता है।

बंगाल में बहुत-से लोग कहते हैं कि षष्ठी वह देवी है जो माताओं को सन्तान पैदा करने और उनकी देख-भाल करने में मदद करती है। वह बिल्लियों और उनके बच्चों को पसन्द करती है। वे यह भी कहते हैं कि वन की उच्छृंखल देवी काली जब नई चाँदनी रातों को घूमने निकलती है तब काली बिल्लियाँ उसके पीछे-पीछे चलती हैं।

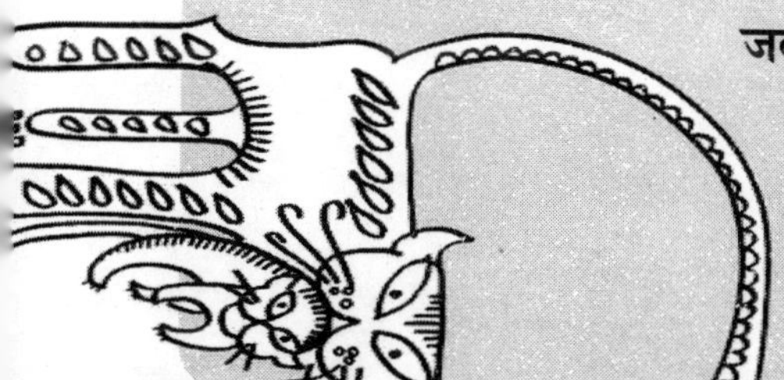

अध्याय 7

अलग तरह के जीव सुरसा की सन्तानें

नवगुंजर

एक दिन अर्जुन ने जंगल में एक विचित्र जीव देखा, जैसा उसने पहले कभी नहीं देखा था। वह नौ जानवरों का मेल जान पड़ता था। मुर्गे का सिर, मोर की गरदन, बैल की पीठ, शेर की-सी कमर, साँप जैसी पूँछ और मनुष्य, हिरन, बाघ और हाथी के हाथ-पैर। पहले तो अर्जुन ने सोचा यह कोई दानव है और उसे मारने के लिए अपना धनुष उठाया। फिर उसने सोचा कि महज़ इसलिए कि वह देखने में अजीब था, इसका यह मतलब नहीं था कि वह दानव था। अगर कोई जीव मनुष्य की कल्पना में नहीं है तो इसका मतलब यह नहीं है कि वह ईश्वर की कल्पना में भी नहीं हो सकता।

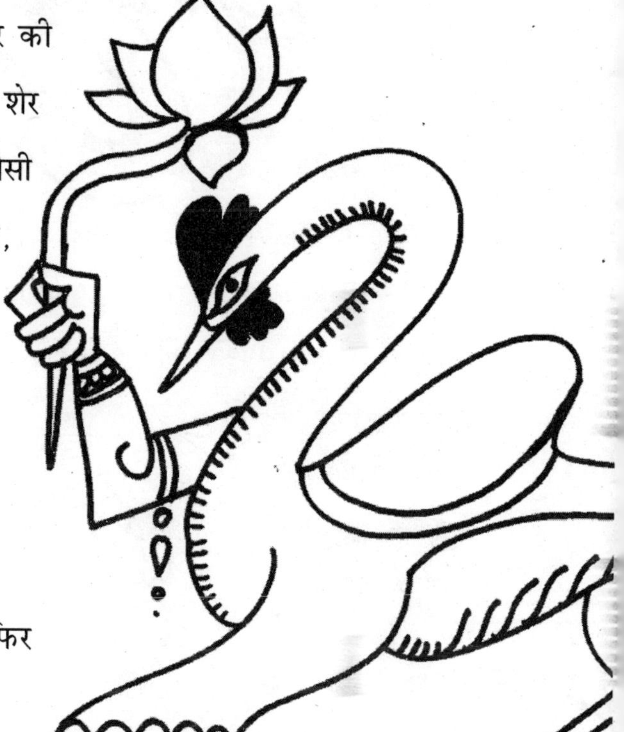

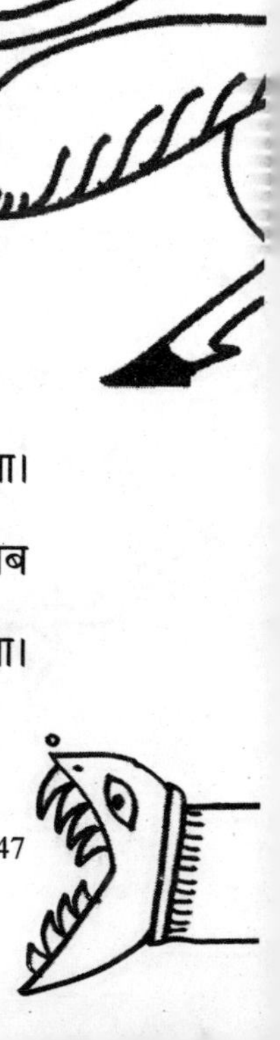

यह सोचकर उसने
अपना धनुष
रख दिया
और उस
जीव ने
आशीर्वाद में
अपना हाथ उठा
दिया। यह जीव स्वयं ईश्वर था
और परीक्षा ले रहा था कि
अर्जुन के मन में उन जीवों
के लिए भी कितना
धीरज और प्यार था,
जिन्हें वह नहीं
पहचानता था।

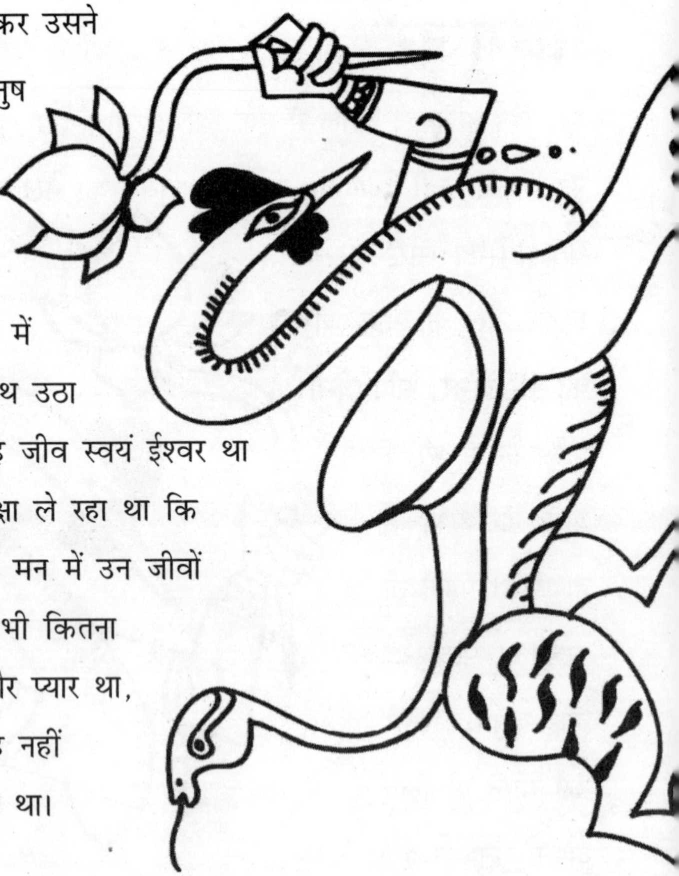

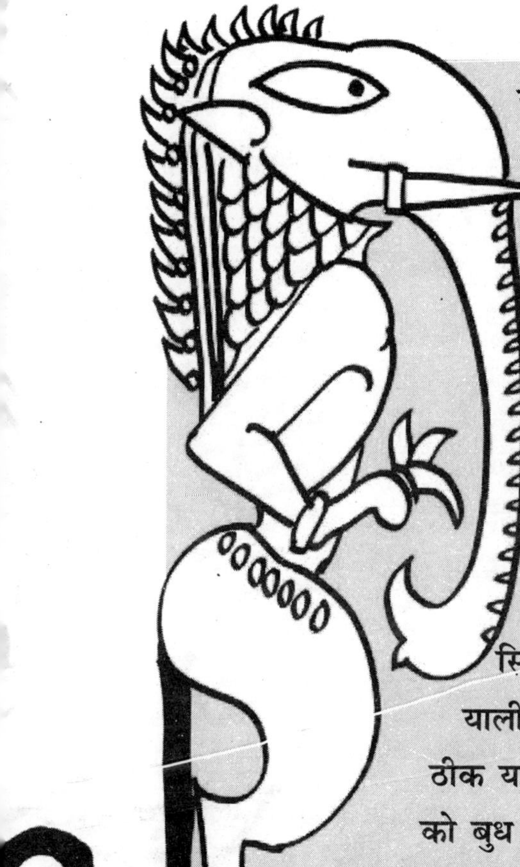

याली–बुध ग्रह के स्वामी–बुध का वाहन है। उसका शरीर शेर का और सिर हाथी का है। कोई पक्के तौर पर नहीं कह सकता कि यह जीव हाथी की तरह शाकाहारी है या शेर के समान मांसाहारी। कोई यह भी पक्के तौर पर नहींकह् सकता कि सिर पुरुष है या स्त्री, जिससे याली उभय-लिंगी बन जाता है। ठीक यही विशेषताएँ हैं, जो याली को बुध के लिए एक उचित वाहन बनाती हैं, क्योंकि बुध स्वयं अस्थिर और परिवर्तनशील है।

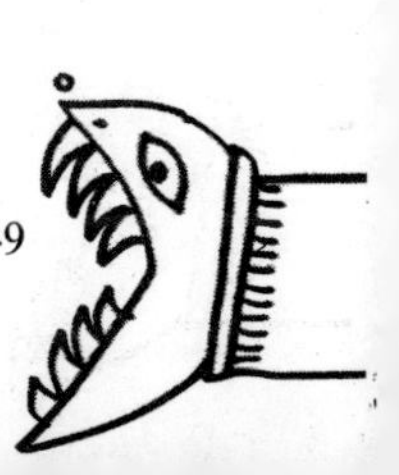

मकरध्वज

रावण जब सीता का अपहरण करके, उसे समुद्र के पार लंका ले गया, तब राम ने किष्किन्धा के वानरों से मित्रता की, जिन्होंने वादा किया कि वे सीता का पता लगाने के लिए धरती को छान मारेंगे और उस जगह का पता लगायेंगे जहाँ सीता को छिपाकर रखा गया था। वानरों में ही हनुमान नामक एक वानर था जो इतना शक्तिशाली था कि उसने आकाश की ओर छलाँग लगायी। उड़ते हुए समुद्र को पार किया और राक्षसों के राज्य लंका द्वीप तक अपना रास्ता बनाया। समुद्र पर उड़ते हुए हनुमान के पसीने की एक बूँद पानी में गिर गयी और उसे एक मछली ने निगल लिया। मछली गर्भवती हो गयी और उसने एक बेटे को जन्म दिया जिसे मकरध्वज कहा गया।

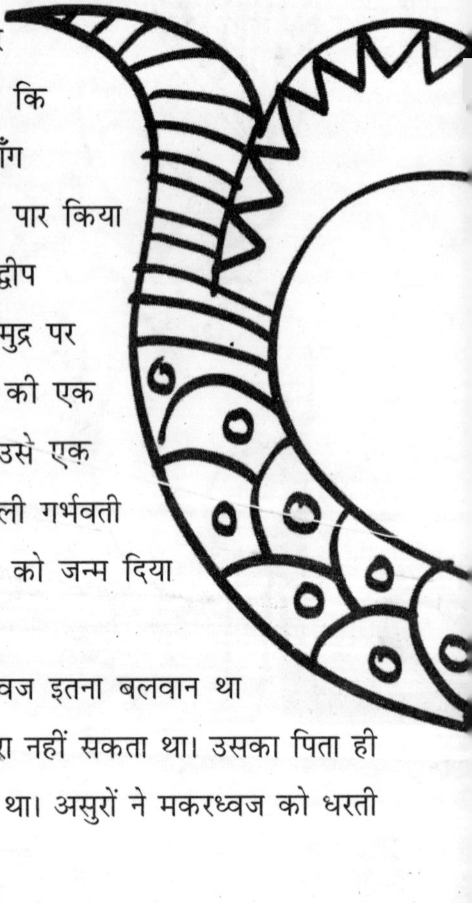

कहते हैं कि मकरध्वज इतना बलवान था कि कोई कुश्ती में उसको हरा नहीं सकता था। उसका पिता ही उसका मुकाबला कर सकता था। असुरों ने मकरध्वज को धरती

के नीचे अपने राज्य, पाताल का द्वारपाल बना दिया था। बरसों बाद एक बूढ़ा वानर पाताल आया और उसे मकरध्वज ने द्वार पर रोक लिया। दोनों में कुश्ती हुई। दोनों का जोड़ बराबर का था। आधा वानर और आधा मत्स्य मकरध्वज ने समझ लिया कि यह आदमी जिसे वह पराजित नहीं कर पाया था, उसका पिता था। जिसे उसने कभी नहीं देखा था।

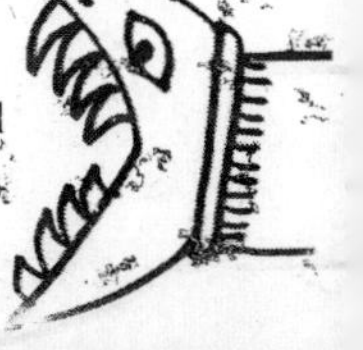

मकर कभी एक सूंस जैसा बताया जाता है, कभी मगरमच्छ जैसा। कुछ लोगों का विश्वास है कि उसका सिर हाथी का और पूँछ मछली की है। शायद इसलिए कि उसकी थूथन हाथी की सूँड़ जैसी लगती है। यह जीव पानी में रहता है। जब सूर्य मकर के घर में प्रवेश करता है तो यह वसन्त के शुरू होने का संकेत होता है। प्रतीक के रूप में यह वसन्त, गरमी और उर्वरता तथा समृद्धि से जुड़ा है। वसन्त का उत्सव मनाने के लिए विष्णु मकर के आकार के कुण्डल पहनते हैं। प्रेम का देवता, 'काम' अपने साथ एक झंडा लेकर चलता है, जिस पर मकर का चिह्न होता है। मकर नदी की देवी, गंगा और समुद्र के देवता, वरुण–दोनों का वाहन है।

पुरुषमृग

सबसे बड़े पाण्डव, युधिष्ठिर एक यज्ञ कर रहे थे। वह फलप्रद साबित हो इसके लिए उन्हें वहाँ यज्ञ-स्थल पर एक पुरुषमृग की ज़रूरत थी। पुरुषमृग ऐसा जीव होता है जो कमर से ऊपर मनुष्य होता है और कमर से नीचे हिरन। उनके मँझले भाई बलवान भीम ऐसे जीव को लाने के लिए भेजे गये। भीम ने उसे वन के भीतर पाया। "मैं आने को तैयार हूँ, अगर तुम मुझे दौड़ में हरा दो," उस जीव ने कहा। "तुम पहले दौड़ो, लेकिन अगर मैंने तुम्हें हस्तिनापुर पहुँचने से पहले पकड़ लिया तो तुम मेरे दास हो जाओगे। न पकड़ पाया तो जो तुम कहोगे, मैं करूँगा।"

भीम ने चुनौती स्वीकार कर ली और दौड़ना शुरू किया। पुरुषमृग भीम के पीछे दौड़ा। भीम को जल्दी ही पता चल गया कि यह जीव बहुत तेज़ था, सो उन्होंने और तेज़ दौड़ने में अपनी सारी ताकत झोंक दी। सीमा पर जैसे ही भीम ने अपना एक पैर वन के बाहर और हस्तिनापुर नगर में रखा, पुरुषमृग ने उनकी दूसरी टाँग पकड़ ली और अपनी

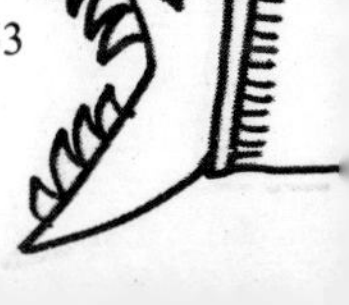

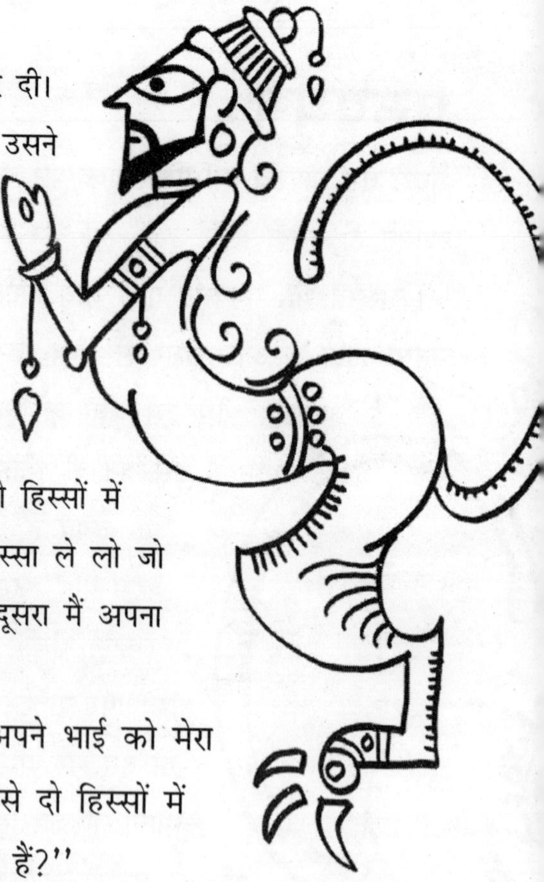

विजय की घोषणा कर दी। "तुम मेरे दास हुए," उसने कहा। भीम असहमत थे। राजा होने के नाते युधिष्ठिर को न्याय करना था।

युधिष्ठिर ने कहा, "मैं भीम को दो हिस्सों में काट दूँगा। तुम वह हिस्सा ले लो जो तुमने पकड़ा था और दूसरा मैं अपना समझकर रख लूँगा।"

"क्या आप अपने भाई को मेरा दास बनने न देकर उसे दो हिस्सों में काटना बेहतर समझते हैं?"

"तुम्हारा आधा हिस्सा दास है, मेरा वाला नहीं। मैं तुम्हें आधा दास दे रहा हूँ।"

पुरुषमृग को समझ में नहीं आया कि युधिष्ठिर न्याय कर रहे थे या चालाकी बरत रहे थे या मूर्खता कर रहे थे। वह हँसा और बोला, "आपने मुझे खुश कर दिया

है, इसलिए मैं आपके भाई को मुक्त कर दूँगा और आपके यज्ञ में उपस्थित रहूँगा।''

और इस तरह यज्ञ सफलता से सम्पन्न हुआ और पुरुषमृग बहुत-से उपहार लेकर वापस वन में गया।

एक ऋषि ने संकल्प किया कि वे शिव को ऐसे फूल अर्पित करेंगे जिन्हें मधुमक्खियों ने न छुआ हो। ऐसे फूलों की खोज में जैसे-जैसे वे वन में घूमे और पहाड़ों पर चढ़े, उन्हें बहुत कष्ट उठाने पड़े। नुकीले पत्थरों और तीखे काँटों ने उनके पैरों के तलवों को छेद दिया। ऋषि की भक्ति से शिव इतने प्रसन्न हुए कि उन्होंने ऋषि के पैरों को बाघ के पंजे बना दिया। अपने नये पंजों के बल पर ऋषि अब आसानी से वन में विचर सकते थे और उन्हें पहाड़ों में भी कष्ट नहीं होता था। ऋषि सबके बीच व्याघ्रपाद के नाम से प्रसिद्ध हो गये।

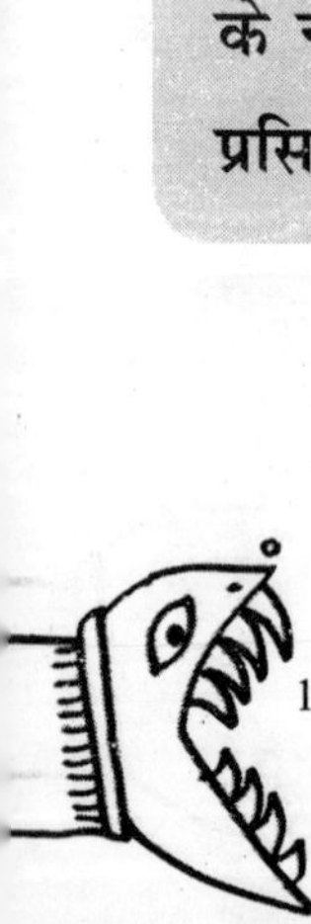

शरभ और गण्डबेरुण्ड

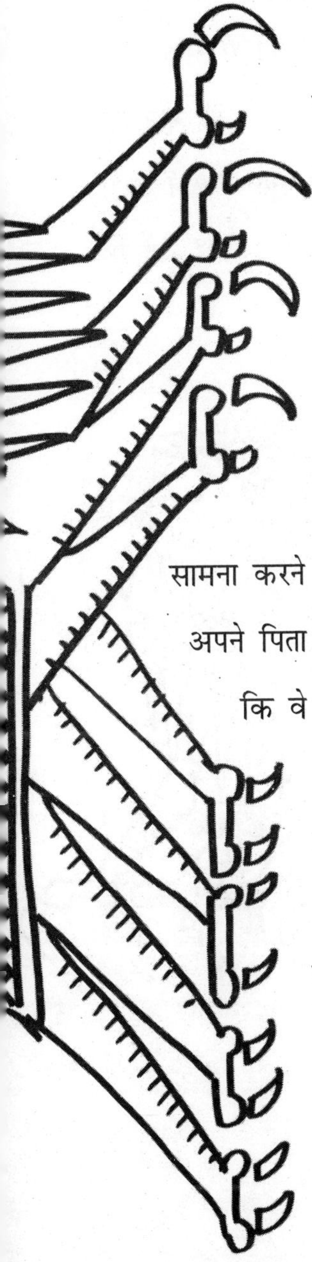

जब विष्णु ने सुअर का रूप धारण किया, या कुछ लोगों के अनुसार, जब उन्होंने शेर का रूप लिया, वे पशु रूपों से इतने मुग्ध हुए कि अपना दैवी रूप भूल गये। उन्हें वापस वैकुण्ठ में लाने का एक ही उपाय था कि उनके इन पशु रूपों को नष्ट कर दिया जाये। लेकिन कोई देवता वराह रूपी विष्णु या सिंह रूपी विष्णु का सामना करने के लिए तैयार नहीं था। तब चिन्तित देवता अपने पिता ब्रह्मा के पास गये, जिन्होंने उन्हें सलाह दी कि वे शिव के पास जायें और उनसे प्रार्थना करें।

शिव तत्काल एक भयंकर जीव–शरभ–में बदल गये। ''मैं विष्णु को उसके पशु रूप से बचाऊँगा,'' वह जीव दहाड़ा। शरभ का सिर शेर जैसा था, आठ टाँगें थीं, नुकीले पंजे थे,

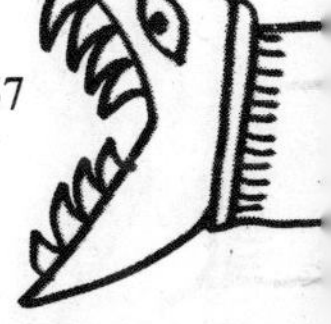

दो पंख थे और बहुत लम्बी पूँछ थी। वह पर्वतों से उठा और घाटी में उतरा, जिसे विष्णु ने अपना निवास बना रखा था। इस बलवान पशु ने विष्णु को द्वन्द्व युद्ध के लिए चुनौती दी। लम्बी लड़ाई के बाद शरभ विष्णु को धरती पर गिराने में सफल हो गया और उन्हें फाड़ डाला। अपने पशु के शरीर के नष्ट हो जाने पर, विष्णु को अपना दैवी रूप याद आ गया। उन्होंने शरभ को धन्यवाद कहा और क्षीरसागर पर अपने निवास वैकुण्ठ चले गये।

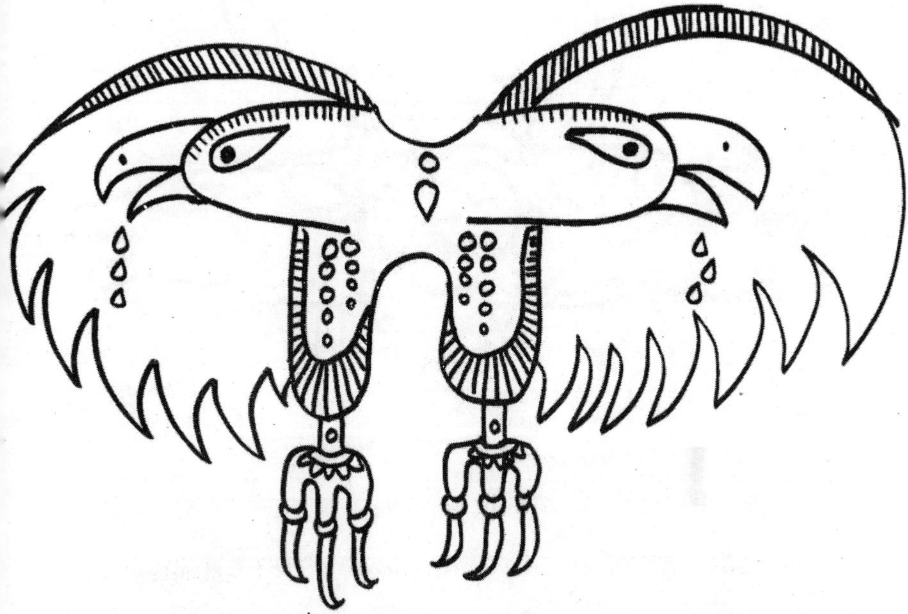

लेकिन दूसरे कथावाचक विश्वास करते हैं कि शरभ ने विष्णु को परास्त नहीं किया था, विष्णु ने गण्डबेरुण्ड का रूप धारण कर मुकाबला किया था। जो दो सिरों वाला गरुड़ था। जिसमें इतनी शक्ति थी कि अपनी दो चोंचों और दो पंजों में हाथी उठाकर चल सके। कुछ और लोग कहते हैं कि वे ऐसे योद्धा में बदल गये थे, जिसके आठ सिर थे। जिनमें एक शेर का था, एक वराह का और एक गरुड़ का। अन्त में विष्णु की पत्नी, देवी लक्ष्मी थीं, जिन्होंने हिंसक देवता को शान्त किया था।

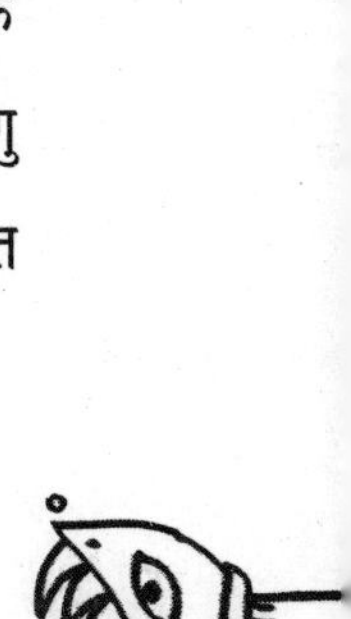

हनुमान को, जो दुनिया के सबसे बलवान वानर थे और जिन्होंने राम को सीता का उद्धार करने में मदद दी थी, कभी-कभी चार और सिरों के साथ चित्रित किया जाता है–शेर, जंगली सुअर, गरुड़ और घोड़ा। कथा कुछ इस तरह है कि एक बार हनुमान पाताल में फँस गये और वहाँ से बाहर आने का एक ही तरीका था–पाँच दीपकों को एक साथ बुझाना। सो, उन्होंने चार और सिर उगा लिये–चार अलग-अलग पशुओं के–ताकि वह ऐसा कर सकें। हनुमान का यह रूप पूजा के योग्य बन गया।

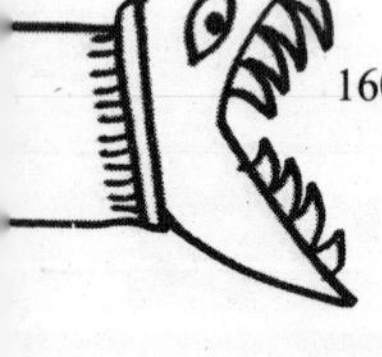

गणपति

शिव की पत्नी, पार्वती एक बच्चा चाहती थीं, जो उस समय उनका मन बहला सके जब शिव ध्यान लगाते थे। लेकिन शिव सन्तान नहीं चाहते थे। इसलिए हठी पार्वती ने अपने बल पर, पति के बिना, एक बच्चा पैदा करने का फैसला किया। उन्होंने हल्दी का उबटन तैयार किया और उसे अपने शरीर पर लगाया। जब वह सूख गया और उन्होंने उसे खुरच कर उतारा तो खुरचन को गूँधकर एक पुतला बनाया और उसमें जान फूँक दी। इस तरह विनायक का जन्म हुआ–वह बच्चा जो बिना नायक यानी पति के पैदा हुआ।

पार्वती को विनायक का साथ पसन्द था। जब शिव ने उन दोनों को साथ-साथ देखा तो वे सोच में पड़ गये कि वह अजनबी लड़का कौन था। उन्हें थोड़ी ईर्ष्या भी हुई, क्योंकि विनायक की संगत में पार्वती को शिव की कमी महसूस नहीं होती थी। सो उन्होंने विनायक का सिर काट दिया। पार्वती बहुत क्रोधित हुईं। "इसे तत्काल

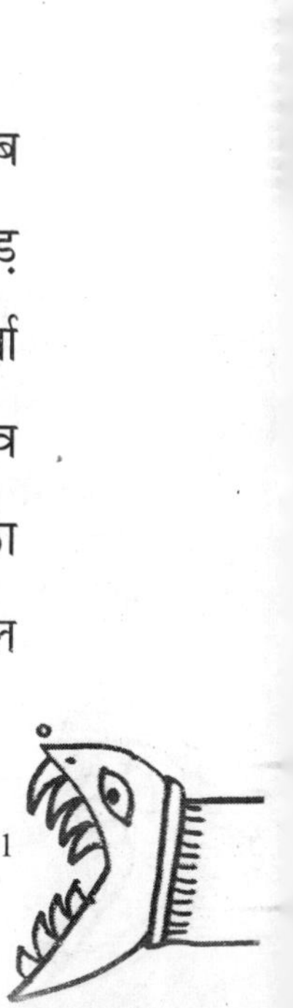

जीवित करिये,'' वह बोली, ''वरना मैं आप से कभी बात नहीं करूँगी।''

अपनी पत्नी को शान्त करने के लिए शिव ने विनायक के सिर को उसके धड़ से जोड़ने का फैसला किया। लेकिन सिर कहीं मिला ही नहीं। शिव ने तब विनायक के सिर की जगह उस जीव के सिर को लगाने का फैसला किया जो उन्हें उत्तरी दिशा में सबसे पहले दिखायी देगा। उन्होंने एक सफ़ेद हाथी देखा। कुछ लोग कहते हैं कि वह इन्द्र का वाहन, ऐरावत था। शिव ने हाथी का सिर काटकर उसे विनायक के धड़ से जोड़ दिया। इस तरह हाथी के सिर वाले, गजानन का जन्म हुआ। शिव ने उसका नाम रखा गणपति, यानी उनके गणों का नेता। वह गणेश के नाम से भी जाना जाता है। इस तरह शिव ने उसे अपना बेटा बना लिया। गजानन आधा हाथी था, आधा मनुष्य और पूरी तरह दैवी।

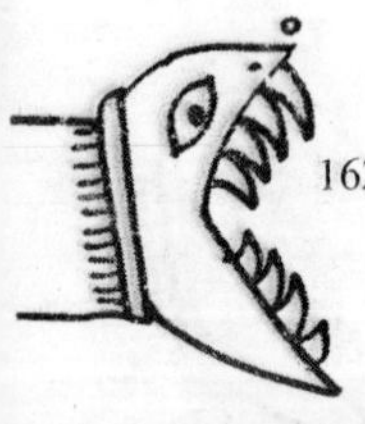

शुक

एक दिन एक अप्सरा तोती के रूप में उड़ रही थी। कथावाचक ऋषि व्यास ने उसे देखा और उससे प्रेम करने लगे। जब यह हुआ तो वे आग पैदा करने के लिए अग्नि-शलाका को रगड़ रहे थे। उस आग से एक तोते के सिर वाला बालक निकला, जिसने व्यास को पिता कहकर बुलाया। यह शुक मुनि थे, व्यास के पुत्र। वे तोते की तरह, वह सब कुछ, जो उनके पिता ने लिखा, विस्तार से याद करके सुना सकते थे—वेद भी और महाभारत भी। लेकिन वे सिर्फ़ तोता ही नहीं थे, वे आधा मनुष्य भी थे। इसलिए उन्हें उस सब का सार और अर्थ भी मालूम था जो

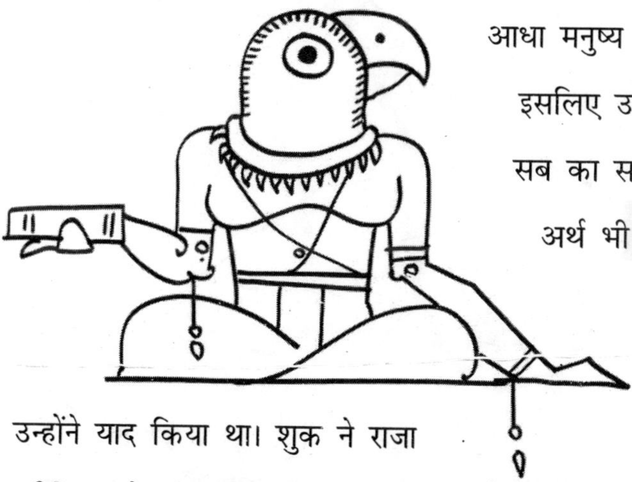

उन्होंने याद किया था। शुक ने राजा परीक्षित को कृष्ण की कथा सुनायी थी और उन्हें मृत्यु के भय से मुक्त होने के योग्य बनाया था।

तुम्बुरु

तुम्बुरु गन्धर्व था और महान संगीतकार। कभी-कभी उसे मनुष्य के शरीर और घोड़े के सिर वाले जीव के रूप में चित्रित किया जाता है। कुछ लोग उसे किम्पुरुष बुलाते हैं जिसका मतलब है, "क्या यह पुरुष है ?"

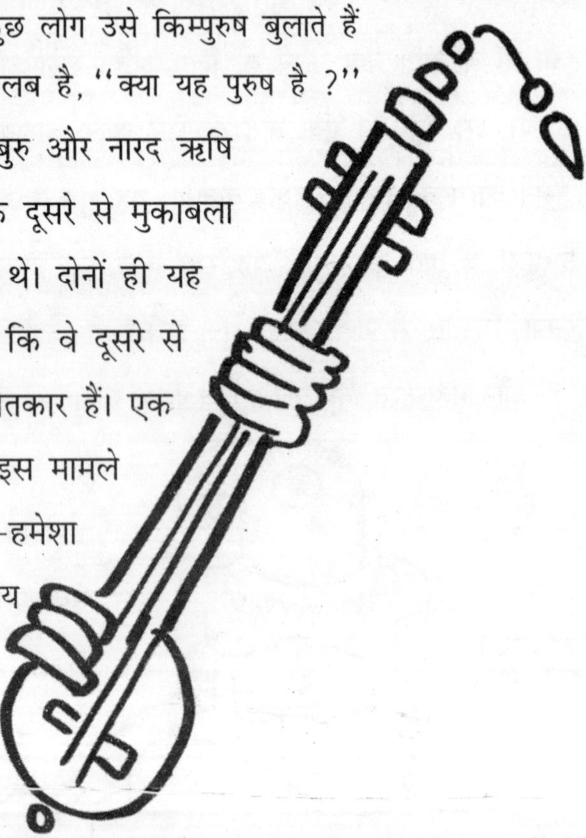

तुम्बुरु और नारद ऋषि अक्सर एक दूसरे से मुकाबला करते रहते थे। दोनों ही यह समझते थे कि वे दूसरे से बेहतर संगीतकार हैं। एक दिन दोनों इस मामले को हमेशा-हमेशा के लिए तय करने की खातिर विष्णु के पास गये। उन्होंने कुछ शरारत करते हुए कहा, "अच्छा? पर मेरा तो खयाल था कि हनुमान आप दोनों से अच्छा गायक है।" वानर हनुमान !

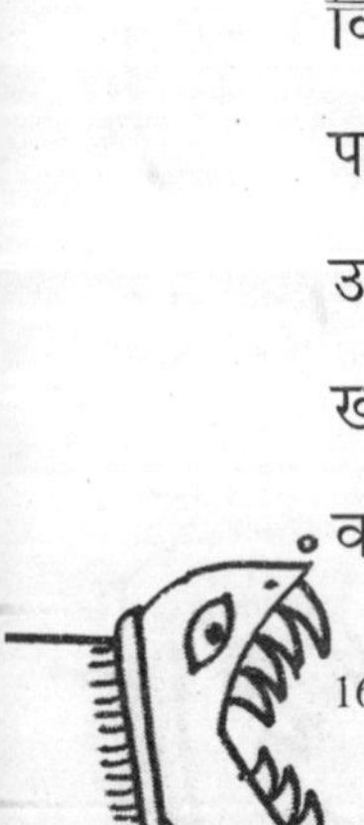

इस बात ने तुम्बुरु और नारद, दोनों को परेशान कर दिया और वे इस गायक वानर की तलाश में चल दिये। वह उन्हें हिमालय में बर्फ़ से ढँकी एक चोटी पर मिला। ''हमारे लिए कुछ गाओ,'' तुम्बुरु ने कहा। हनुमान ने उसकी इच्छा पूरी की। उसकी आवाज़ मुलायम और सुमधुर थी और उसके कम्पन से ब.र्फ़ गलने लगी। जैसे ही हनुमान ने गाना बन्द किया, गली हुई बर्फ़ फिर से जम गयी। तुम्बुरु और नारद प्रभावित हुए। मग़र उन्हें लगा कि हालाँकि हनुमान अच्छा गाता था, पर उनमें से किसी के भी बराबर नहीं था। हनुमान ने कुछ नहीं कहा। उन्होंने बस विनम्रता से सिर झुकाया और वहाँ से चले गये। तुम्बुरु और नारद भी वहाँ से चलने को हुए, पर उन्होंने आश्चर्य के साथ देखा कि उनके पैर बर्फ़ में जम गये हैं।

बर्फ़ के गलने और फिर जमने ने उन्हें वहाँ जकड़ लिया था। दोनों ने बहुत सोचा कि अपने पैर कैसे छुड़ायें। फिर उन्होंने विष्णु को गुहारा।

"बहुत आसान है," विष्णु बोले, "अगर आप दोनों हनुमान से बेहतर हो तो बस गाना शुरू करो और बर्फ़ फिर से पिघल जायेगी जैसे हनुमान के गाने के समय हुआ था।"

यह अच्छा विचार जान पड़ा। तुम्बुरु और नारद दोनों ने गाना शुरू किया। वे सारा दिन गाते रहे, लेकिन बर्फ़ के गलने के कोई आसार नहीं दिखे अगर कुछ हुआ भी तो बर्फ़ की जकड़ और कड़ी हो गयी। उन्हें अन्त में मानना पड़ा कि वे हनुमान जितने अच्छे गायक नहीं थे, क्योंकि हनुमान शान बघारने के लिए नहीं, बल्कि भक्ति-भाव से गाते थे।

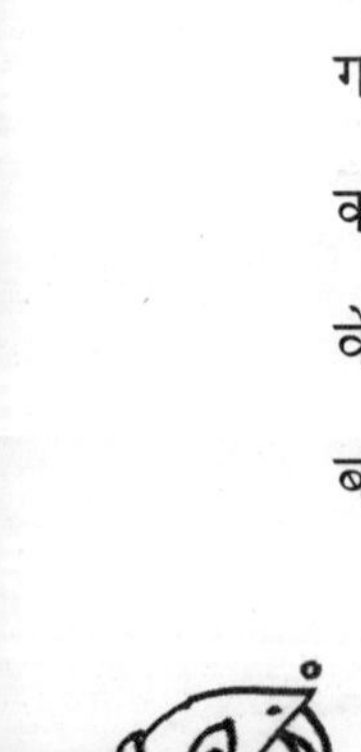

हयग्रीव

एक बार याज्ञवल्क्य अपने गुरु, वैशम्पायन से नाखुश हो गये। "आप मुझे शब्द और श्लोक तो सिखाते हैं, पर उनका मतलब नहीं बताते," उन्होंने अपने गुरु से कहा।

वैशम्पायन ने कहा, "तो जाओ और दूसरा गुरु ढूँढ़ लो, मगर जाने से पहले जो कुछ मैंने तुम्हें सिखाया है, वह मुझे वापस कर दो।"

याज्ञवल्क्य ने वे सारे पाठ जो उन्हें वैशम्पायन ने सिखाये थे, उलटी करके निकाल दिये। वे उनके शरीर से अनपचे खाने की शक्ल में बाहर आये। वैशम्पायन के

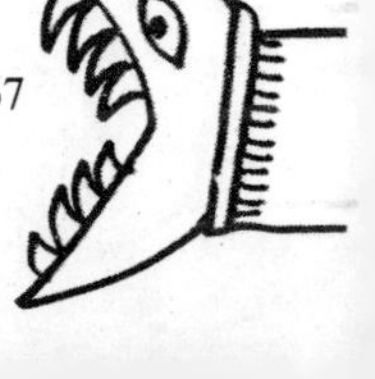

दूसरे शिष्यों ने,
तीतर का रूप
धारण कर उलटी किये हुए इस
भोजन को खा लिया।

याज्ञवल्क्य फिर दूसरे गुरु की तलाश में गये और उन्हें हयग्रीव मिला–घोड़े के सिर वाला मनुष्य–जिसने उन्हें शब्दों और श्लोकों के रहस्य बताये। कुछ लोग कहते हैं कि वह घोड़े के सिर वाला मनुष्य, सूर्य देवता थे। कुछ कहते हैं कि वे विष्णु थे, जो ब्रह्माण्ड के पालक हैं।

वैशम्पायन ने याज्ञवल्क्य को जो सिखाया था, वह कृष्ण यजुर्वेद के नाम से जाना गया और जो हयग्रीव ने सिखाया, वह शुक्ल यजुर्वेद के नाम से।

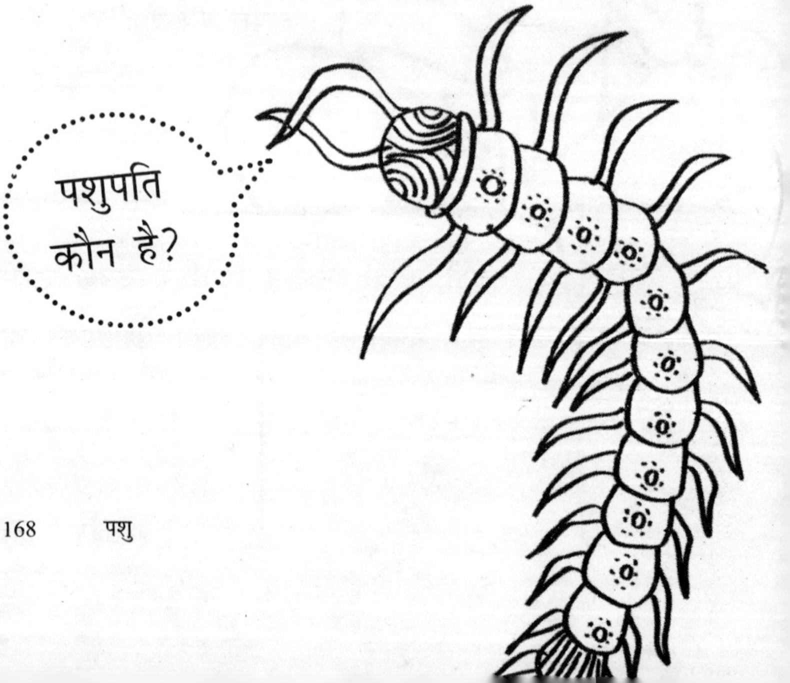

नरसिंह

एक बार हिरण्यकशिपु नामक एक असुर को वरदान मिला कि उसे न तो मनुष्य मार सकेगा, न पशु, न शस्त्र, न औज़ार। सो विष्णु ने नरसिंह, यानी ऐसे जीव का रूप धारण कर उसे मारा, जो न मनुष्य था, न पशु। वह आधा सिंह था और आधा मनुष्य। विष्णु ने हिरण्यकशिपु को अपने नखों से मारा था, जो न शस्त्र थे न औज़ार।

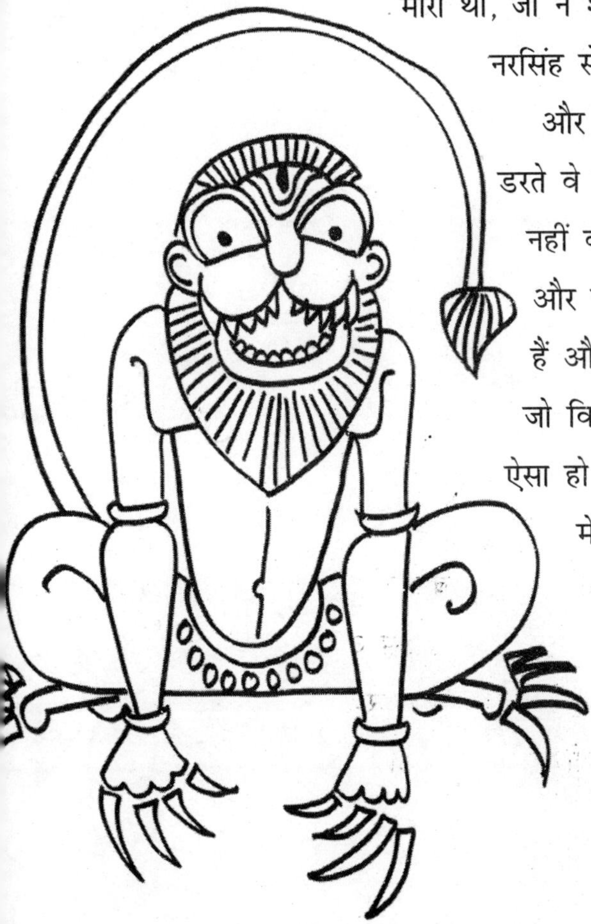

नरसिंह से लोग डरते भी हैं और प्यार भी करते हैं। डरते वे हैं जो यह कल्पना नहीं कर पाते कि मनुष्य और पशु एक हो सकते हैं और प्यार वे करते हैं जो विश्वास करते हैं कि ऐसा हो सकता है। नरसिंह में हम मनुष्य-जगत, पशु-जगत और खनिज जगत की एकता देखते हैं।

अध्याय 8

और अन्त में

मनुष्य बनाम पशु

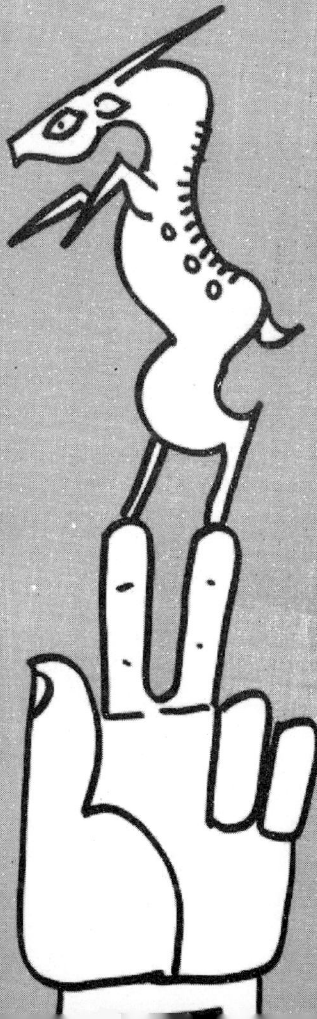

अगस्त्य

लोग कहते हैं कि मौखिक परम्परा से एक ऐसी जगह के बारे में सुना जाता है, जहाँ बकरियों और बाघों की दोस्ती है। कहा जाता है कि राम और सीता अपने वनवास के दौरान दक्षिण गये और अगस्त्य ऋषि के आश्रम में पहुँचे, जहाँ उन्हें बाघों को बकरियों के साथ खेलते देखकर आश्चर्य हुआ। यह कैसे सम्भव है? उन्होंने विस्मय से सोचा।

अगस्त्य ने उन्हें बताया कि जंगल में बाघ शिकारी हैं और बकरियाँ शिकार, जिस कारण बकरियाँ बाघों से डरती हैं और उन्हें अपना शत्रु समझती हैं। यह प्रकृति का नियम है। लेकिन स्वर्ग में भूख नहीं है। इसलिए

बाघ को बकरियाँ खाने की ज़रूरत नहीं और इस तरह बकरियाँ अब बाघों से नहीं डरतीं।

मनुष्य को धरती पर स्वर्ग बनाने की आकांक्षा रखनी चाहिये, ऐसी जगह जहाँ बाघ और बकरियाँ मित्र हो सकें।

कैलाश पर्वत भी, जहाँ शिव का निवास है, स्वर्ग है। शिव का बैल पार्वती के सिंह से भय नहीं खाता, गणेश का चूहा शिव के साँप से और शिव का सर्प कार्तिकेय के मोर से नहीं डरता। कोई किसी को नहीं खाता क्योंकि किसी को भूख नहीं लगती।

कृष्ण-बलराम की साहसपूर्ण कथाएँ

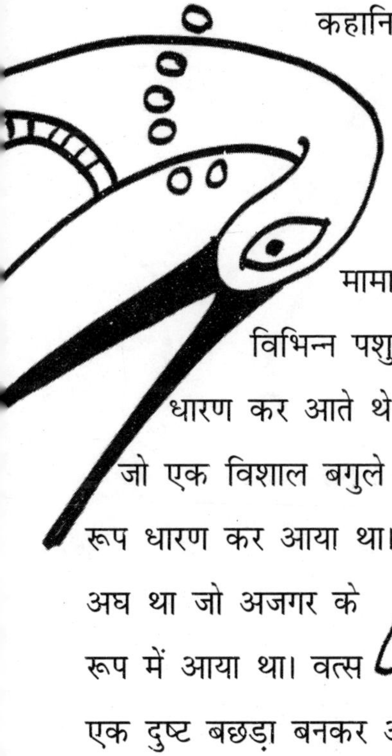

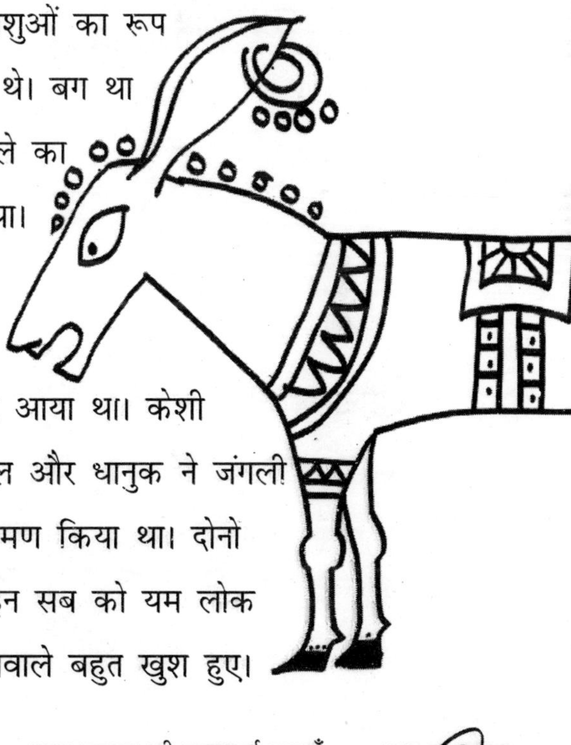

भागवत पुराण में, कृष्ण और उनके भाई बलराम की कहानियाँ हैं, जो यमुना नदी के किनारे एक गाँव में रहते थे। वे अपने गाँव को उन राक्षसों और दानवों से बचाया करते थे जिन्हें उनके मामा कंस ने भेजा होता था और जो विभिन्न पशुओं का रूप धारण कर आते थे। बग था जो एक विशाल बगुले का रूप धारण कर आया था। अघ था जो अजगर के रूप में आया था। वत्स एक दुष्ट बछड़ा बनकर आया था। केशी जंगली घोड़े, अरिष्ट बैल और धानुक ने जंगली गधे की शक्ल में आक्रमण किया था। दोनो भाइयों ने सफलता से इन सब को यम लोक पहुँचा दिया जिससे गाँववाले बहुत खुश हुए।

चूँकि कृष्ण और बलराम धरती पर देवताओं के अवतार माने जाते हैं, कोई सवाल पूछ सकता है कि वे जानवरों को क्यों मारते थे।

कुछ लोगों का कहना है कि यह मनुष्यों को बताने के लिए था कि जब कोई मनुष्यों की बस्ती बनती है, तो पशुओं को पालतू बनाने और जंगली पशुओं को मारने की घटनाएँ हमेशा होती हैं। इससे परेशान होने की ज़रूरत नहीं। मगर इसके साथ ही इसमें अति नहीं होनी चाहिये, क्योंकि तब सन्तुलन बिगड़ जायेगा और इसके बाद प्राकृतिक विपत्तियाँ आयेंगी जो संसार को नष्ट कर देंगी।

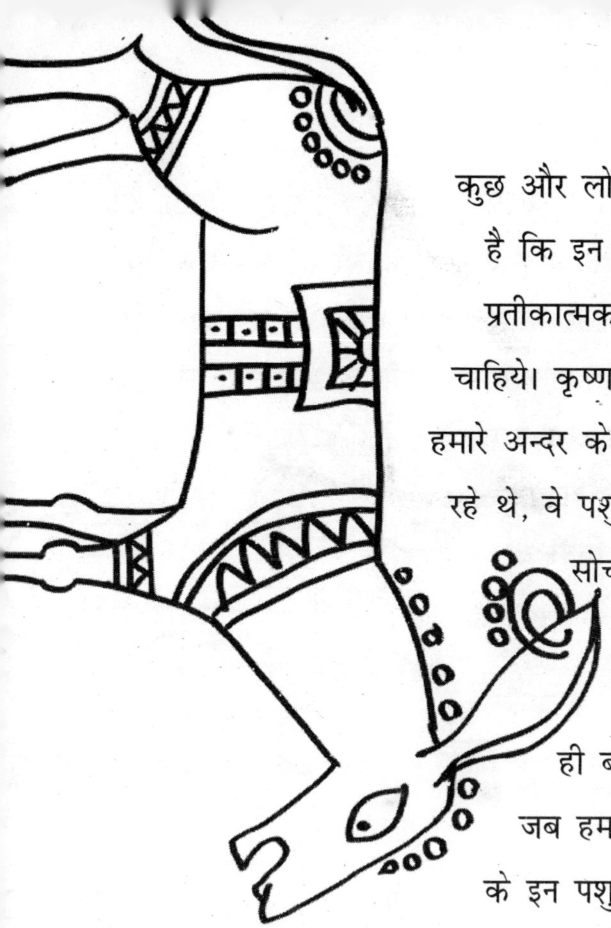

कुछ और लोगों का कहना है कि इन कहानियों को प्रतीकात्मक ढंग से लेना चाहिये। कृष्ण और बलराम हमारे अन्दर के पशु को मार रहे थे, वे पशु जो हमें यह सोचने पर विवश करते हैं कि बलशाली का ही बोल-बाला है। जब हम अपने अन्दर के इन पशुओं को खत्म करते हैं तो हम अपने प्रभुत्व के लिए लड़ने, या अपने साथी जीवों को दबाने की इच्छा खो बैठते हैं। हम अधिक बुद्धिमान बन जाते हैं। हम सभी जीवों से प्यार करते हैं और असहाय जीवों की मदद करने के लिए अतिरिक्त प्रयास करते हैं।

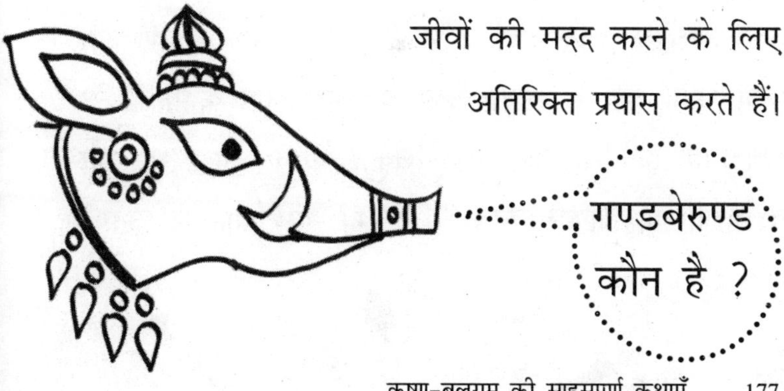

सफ़ेद घोड़े पर सवार एक नायक, योद्धा देवता की छवि, जिसके साथ एक कुत्ता भी है, भारत के कई हिस्सों में पायी जाती है। इन देवताओं को ग्राम-वीर कहते हैं या कुल-वीर, यानी वे वीर जो गाँव या समुदाय की रक्षा करते हैं और जिनकी पूजा लकड़ी या मिट्टी के घोड़ों की भेंट चढ़ाकर की जाती है।

सीता

जब राम चौदह साल का वनवास पूरा कर रहे थे तो वे खाते क्या थे? कुछ लोग कहते हैं कि वे शाकाहारी थे–वे कन्द–मूल, फल और बेर आदि खाते थे। जो वे, उनके भाई लक्ष्मण और पत्नी सीता वन में इकट्ठा करते थे। कुछ लोग कहते हैं कि राजकुमार होने के नाते उन्हें शिकार करना आता था और वे हिरनों का शिकार करते थे। उनका मांस खाते थे, उनकी

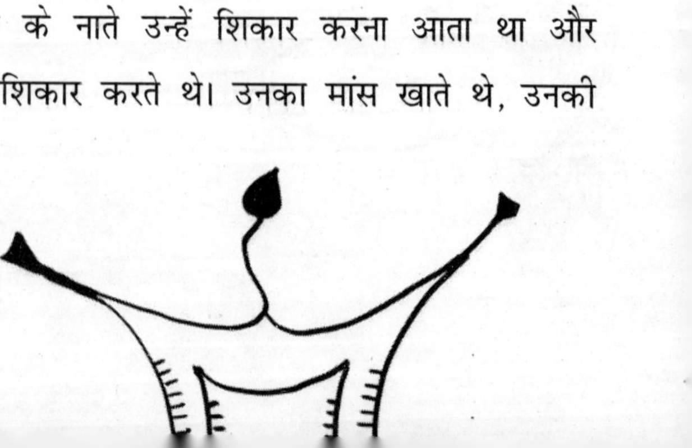

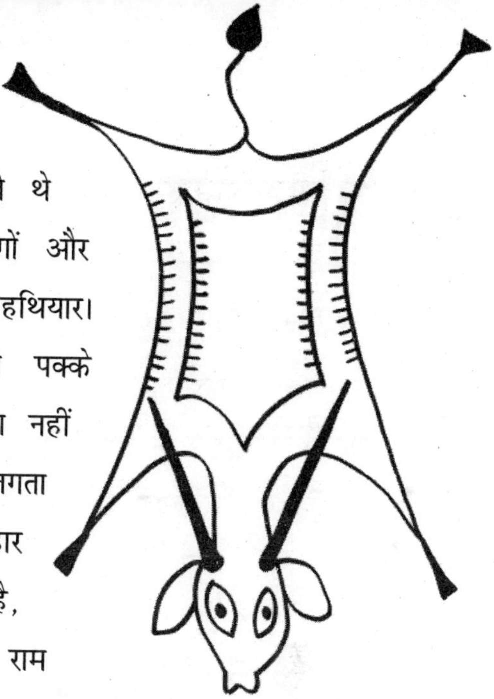

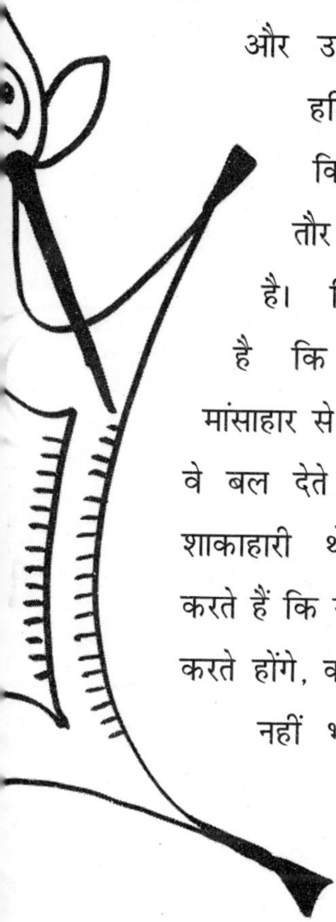

खाल से वस्त्र बनाते थे और उनके सींगों और हड्डियों से हथियार। किसी को पक्के तौर पर पता नहीं है। जिन्हें लगता है कि शाकाहार मांसाहार से अच्छा है, वे बल देते हैं कि राम शाकाहारी थे। दूसरे महसूस करते हैं कि राम क्षत्रियों जैसा व्यवहार करते होंगे, क्योंकि वे एक क्षत्रिय परिवार से थे। मांस नहीं भी खाते होंगे तो भी वे शिकार ज़रूर करते होंगे। जो भी हो, वाल्मीकि रामायण में कहा गया है कि वनवास के दौरान सीता ने राम से कहा था कि वे बहुत अधिक पशुओं को न मारें।

''लेकिन क्षत्रिय तो ऐसा ही करते हैं,'' राम ने समझाया, तो भी सीता महसूस करती थी कि पशुओं को, ज़रूरत हो तभी मारना चाहिये, सिर्फ़ लालच या दिल-बहलाव के लिए नहीं।

युधिष्ठिर

राम की तरह पाण्डव भी बहुत वर्षों तक वन में निष्कासित रहे। इस दौरान वे भी भोजन, वस्त्रों, हथियारों और दिल-बहलाव के लिए पशुओं का शिकार करते रहे। एक दिन जो हिरन उन्होंने मारे थे, युधिष्ठिर के सपने में आये। उन्होंने युधिष्ठिर से प्रार्थना की कि वे मार-काट बन्द कर दें और वन को छोड़कर चले जायें, क्योंकि वन में हिरनों की संख्या बहुत कम हो गयी थी और वे लुप्त होने के कगार पर थे। युधिष्ठिर ने, अपने दयालु और करुणा से भरे स्वभाव के कारण इस पर विचार किया और दूसरे वन में चले गये। उन्हें पशुओं के महत्त्व का पता था और उन्हें पूरी

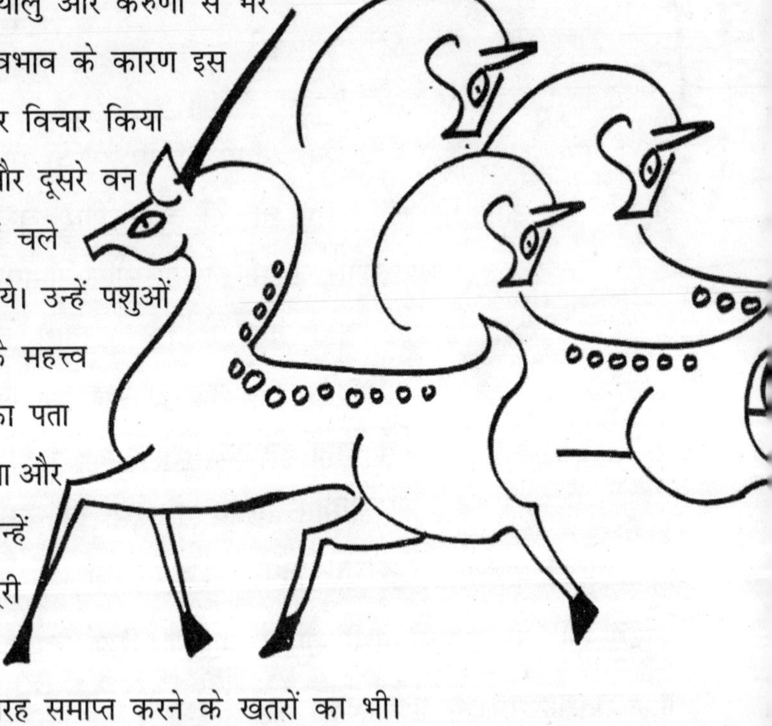

तरह समाप्त करने के खतरों का भी।

पृथु

क्रूर राजा वेन पृथ्वी के संसाधनों को लूटा करता था, लकड़ी के लिए पेड़ों को नष्ट करता, चरागाहों और खेतों के लिए वनों को साफ़ करता, धातु के लिए धरती में खनन करता और दिल-बहलाव के लिए शिकार करता। उसकी अतियों से क्रुद्ध होकर, ऋषियों ने घास के एक तिनके को शक्तिशाली तीर में बदलने के लिए एक यज्ञ किया। उन्होंने इस तीर से वेन को मारा और फिर उसके शरीर से सारी अशुद्धियाँ निकाल कर, बचे हुए शुद्ध भाग से एक नये राजा की सृष्टि की। जिसमें अच्छे शासक के सभी गुण थे।

लेकिन जब पृथु राजा बना, तो उसकी प्रजा ने उसे बताया कि पृथ्वी न तो बीजों को अंकुरित होने दे रही है, न पौधों में फल-फूल आने दे रही है।

पृथु ने पृथ्वी से पूछा कि वह ऐसा क्यों कर रही थी? जवाब में पृथ्वी एक गाय का रूप धारण कर दूर भाग गयी। पृथु ने पृथ्वी रूपी गौ को पकड़ने का संकल्प करके, उसका पीछा किया। चूँकि वह लगातार भागती जा रही थी, पृथु ने अपना धनुष उठाया और उसे मारने की धमकी दी। "अगर तुम मुझे मार दोगे तो सारा जीवन नष्ट हो जायेगा। मैं मनुष्यों द्वारा अपनी सम्पत्ति की लूट से थक चुकी हूँ," पृथ्वी ने उससे कहा।

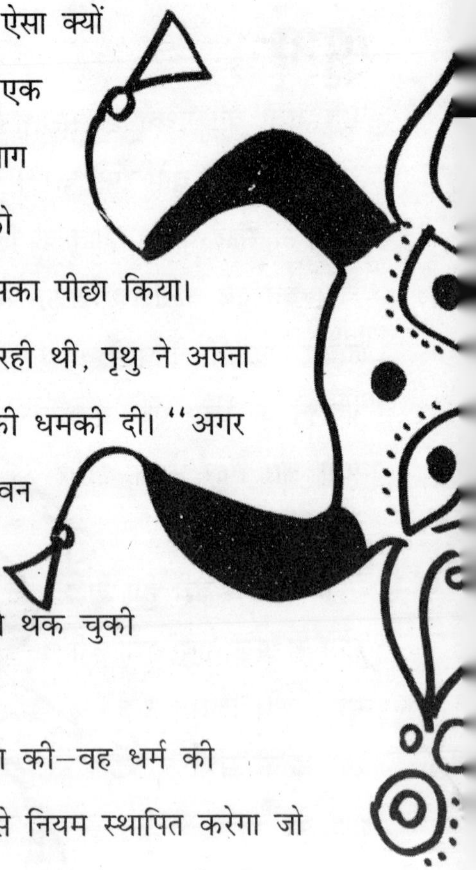

पृथु ने तब एक प्रतिज्ञा की–वह धर्म की स्थापना करेगा–संस्कृति के ऐसे नियम स्थापित करेगा जो सुनिश्चित करेंगे कि मनुष्य प्रकृति का आदर करेगा और अपनी इच्छाओं को काबू में रखेगा। पृथु ने कहा, "राजा पृथ्वी के लिए वैसे ही होंगे जैसे गायों के लिए ग्वाले। हम पृथ्वी रूपी गौ की रक्षा करेंगे, उसका पालन-पोषण करेंगे और बदले में पृथ्वी रूपी गौ हमें ज़िन्दा रहने के लिए भोजन और ईंधन प्रदान करेगी।"

खाण्डवप्रस्थ

कौरवों और पाण्डवों के बीच शान्ति स्थापित करने के लिए, हस्तिनापुर के अन्धे राजा धृतराष्ट्र ने अपने राज्य को दो हिस्सों में बाँटा। एक हिस्सा जो विकसित था, उन्होंने अपने पुत्रों यानी कौरवों को दे दिया और दूसरा अविकसित भाग, जहाँ खाण्डव वन था, उसे उन्होंने अपने भतीजों यानी पाण्डवों को दिया। पाण्डवों ने खाण्डव वन को जलाने का फैसला किया,

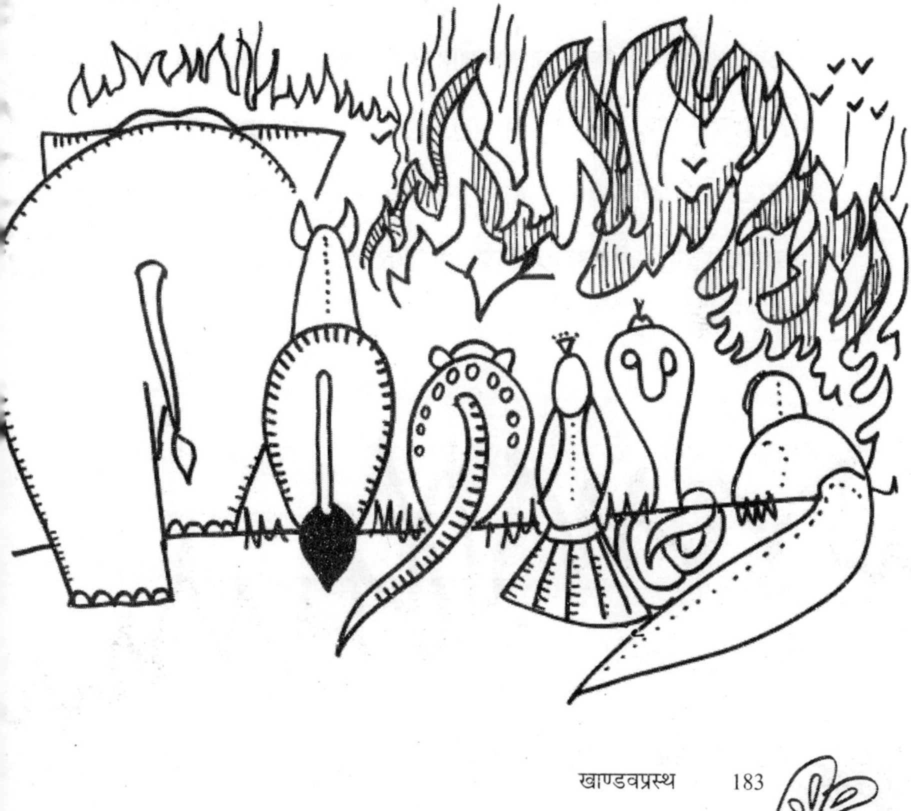

ताकि वे वहाँ अपना नगर बना सकें। जैसे-जैसे लपटों ने पेड़ों को अपने घेरे में लिया, वन के पशु अपने को बचाने के लिए सिर-पर-पैर रख कर यहाँ-वहाँ भागने लगे।

उन्होंने भागने की कोशिश की, पर लपटों ने उन्हें जल्दी ही घेर लिया। अन्त में जब आग शान्त हुई और वन को साफ़ कर दिया गया, तब पाण्डवों ने अपनी राजधानी इन्द्रप्रस्थ वहाँ बनायी।

महाभारत की यह कहानी मनुष्य और पशुओं के तनाव-भरे रिश्तों की तरफ़ ध्यान दिलाती है। मनुष्य जब खेतों और नगरों के लिए जगह चाहता है तो वन नष्ट होते ही हैं। जब वन नष्ट होते हैं, तो पशु मरते हैं। अगर बहुत ज़्यादा वन नष्ट होंगे और बहुत ज़्यादा जानवर मरेंगे, प्राकृतिक व्यवस्था गड़बड़ायेगी और संसार नष्ट हो जायेगा।

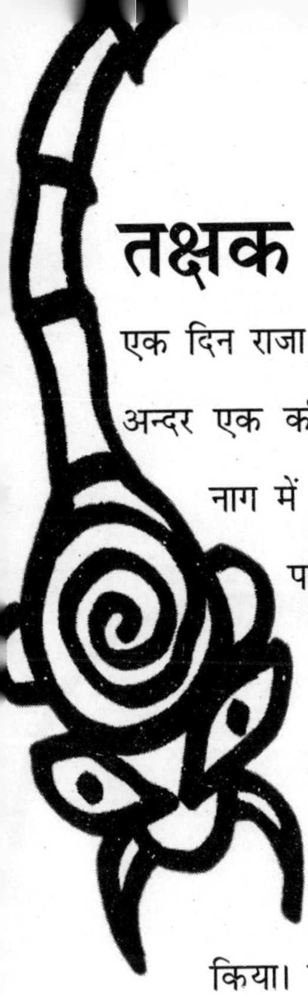

तक्षक

एक दिन राजा परीक्षित ने एक सेब को दाँत से काटा। सेब के अन्दर एक कीड़ा था। देखते-देखते वह कीड़ा तक्षक नामक नाग में बदल गया। तक्षक ने तत्काल अपने विषैले दाँत परीक्षित में गड़ा दिये और इससे पहले कि उसके दरबारी कुछ कर पाते, हस्तिनापुर का राजा मर चुका था। उसके बेटे जनमेजय ने सिर्फ़ तक्षक को ही नहीं, बल्कि संसार के सभी नागों को नष्ट करने के लिए एक यज्ञ करने का फैसला किया। नागों ने आपत्ति की, लेकिन राजा पूरी जाति को खत्म करने पर तुला हुआ था। जनमेजय को लगता था कि वह ऐसा करके उचित कर रहा है, क्योंकि उन्होंने उसके पिता को मार डाला था।

इसी समय ऋषि आस्तीक ने जनमेजय से कहा, "तुम्हारे खयाल में तक्षक ने तुम्हारे पिता को क्यों मारा था? उसका पूरा परिवार नष्ट हो गया था। जब तुम्हारे पड़दादाओं, पाण्डवों ने इन्द्रप्रस्थ का निर्माण करने के लिए, खाण्डव वन

को जला दिया था।
परीक्षित को
मारकर तक्षक ने
बदला ले लिया।
तुम पुश्तैनी लड़ाई
की आग को फिर
से भड़का रहे हो।
तुम उन्हें मारोगे,
पलटकर वे तुम्हें मारेंगे। यह
बार-बार होगा, अगर तुम
में से एक नहीं रुकता।
वे नाग हैं, इसलिए रुक
नहीं सकते, पर तुम तो
मनुष्य हो, तुम रुक सकते हो।
सो, उन्हें छोड़ दो।''

यह सुनकर जनमेजय का क्रोध शान्त हो गया और उसने यज्ञ रोककर नागों को ज़िन्दा रहने दिया।

भरत

वह एक महान राजा था। एक दिन उसने संन्यासी बनने के लिए, सब कुछ त्याग दिया। उसे आभास हुआ कि जीवन में सब कुछ अस्थायी है और अपने राज्य समेत किसी भी चीज़ के मोह में फँसने का कोई अर्थ नहीं। वह सभी सांसारिक पदार्थों से अपने को पीछे खींचकर, वन में चला गया। वह ध्यान लगाकर, आवागमन और जीवन-मृत्यु के चक्र से धीरे-धीरे मुक्त होना चाहता था। लेकिन वन में उसने एक भयंकर दृश्य देखा। एक बाघ ने एक हिरनी को मार डाला। बाघ नहीं जानता था कि उसने कुछ ही दिन पहले एक बच्चे को जन्म दिया था। बच्चा अब अनाथ हो गया था। उसके प्रति दया से भरकर, भरत ने उसे अपने बच्चे की तरह पालने का फ़ैसला किया। जल्दी ही हिरन का बच्चा यह विश्वास करने लगा कि भरत ही उसकी माँ है और जहाँ भी भरत जाता, वह बच्चा उसके पीछे-पीछे जाता। हिरन के बच्चे के व्यवहार के

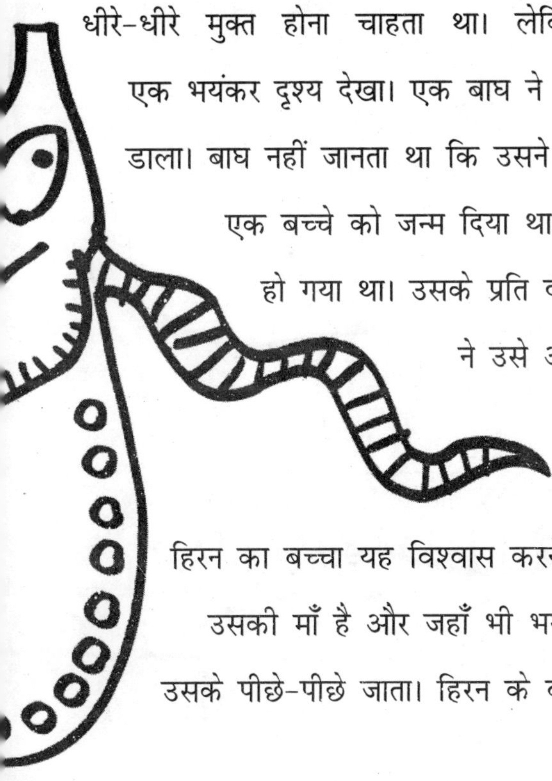

कारण भरत के दिल में गहरा प्यार और स्नेह भर गया। वह इस नन्हे-से हिरन के प्रति अपनी ज़िम्मेदारी समझने लगा।

बरसों बाद जब भरत बूढ़ा होकर मर रहा था, वह यही सोच रहा था कि जब वह नहीं रहेगा तो कौन उस हिरन की देख-भाल करेगा। चूँकि भरत उस हिरन से इतना बँधा हुआ था कि मृत्यु और पुनर्जन्म के देवता, यम ने भरत से कहा कि वह जीवन चक्र से बच नहीं सकता। उसे फिर से जन्म लेना पड़ेगा- इस बार हिरन के रूप में। यह कथा भागवत पुराण में मिलती है।

गान्धारी ने एक बार अनजाने ही एक कीड़े के सौ अण्डों पर पैर रख दिया था। कीड़े ने दुखी होकर गान्धारी को शाप दिया था कि वह भी अपने सौ बच्चों को अपने सामने मरता हुआ देखेगी।

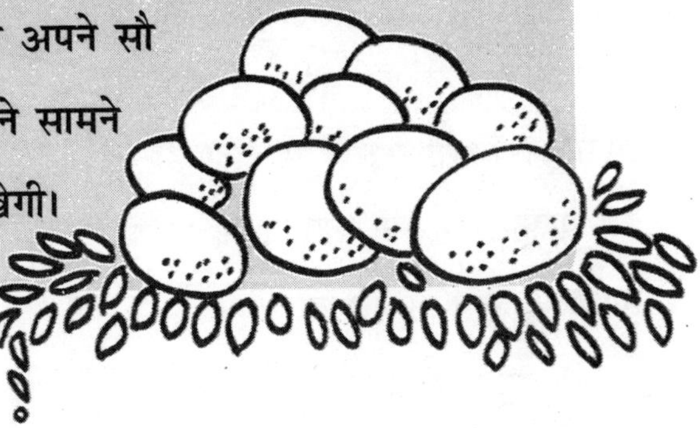

माण्डव्य

माण्डव्य एक ऋषि थे। वे बहुत सादा और पवित्र जीवन जीते थे। लेकिन एक दिन उन्हें राजा ने पकड़ लिया और सूली पर चढ़ा दिया। माण्डव्य ने इस अन्याय का कारण जानना चाहा, क्योंकि उन्होंने कोई अपराध नहीं किया था। उन्हें बताया गया कि उनके आश्रम में चोरी किया गया सामान मिला था। उन्हें पता लगा कि जब वे समाधि लगाये हुए थे और

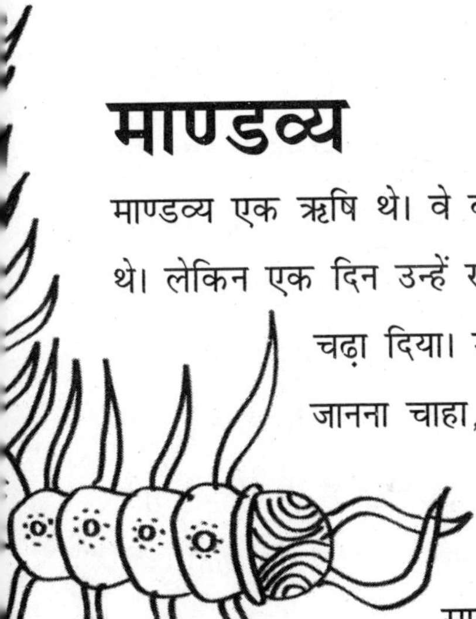

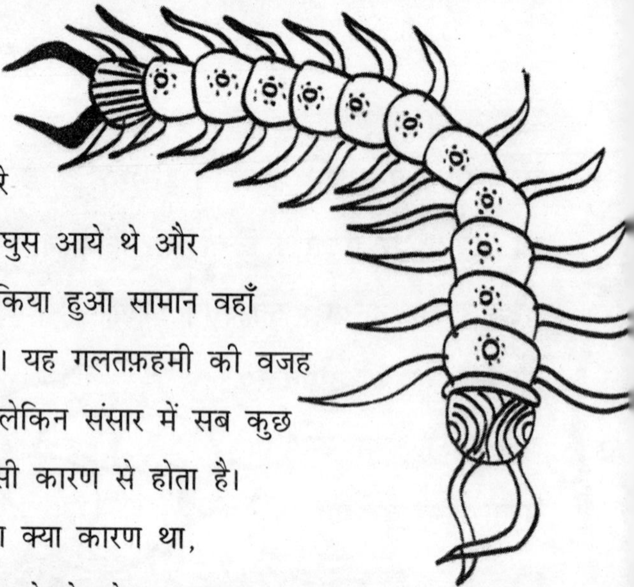

उनकी आँखें
बन्द थीं, लुटेरे
उनके घर में घुस आये थे और
उन्होंने चोरी किया हुआ सामान वहाँ
छुपा दिया था। यह गलतफ़हमी की वजह
से हुआ था। लेकिन संसार में सब कुछ
किसी-न-किसी कारण से होता है।
इस यातना का क्या कारण था,
माण्डव्य ऋषि सोचते रहे।

मरने के बाद वे मृत्यु के देवता, यम के सामने खड़े हुए, जो किसी भी आदमी के जीवन की सभी घटनाओं का हिसाब-किताब रखते हैं। माण्डव्य ऋषि ने यम से उस अन्यायपूर्ण दण्ड का कारण पूछा, जो उन्हें राजा के हाथों से मिला था। यम ने कहा, "जब तुम बच्चे थे, तब तुम चिड़ियों और मधुमक्खियों को यन्त्रणा देते रहते थे। तुम उन्हें पकड़ लेते थे और तीखे तिनके चुभोकर धरती पर गाड़ देते थे। क्योंकि तुमने जीवों को बिना उनके किसी दोष के यन्त्रणा दी थी, इसलिए बड़े होने पर तुम्हें यन्त्रणा मिली।" यह कथा महाभारत में मिलती है और बताती है कि पशुओं की पीड़ा अनदेखी नहीं की जाती। जो भी पशुओं को पीड़ा पहुँचाता है, उसे किसी-न-किसी जन्म में उसका दण्ड मिलता है।

वाडवाग्नि

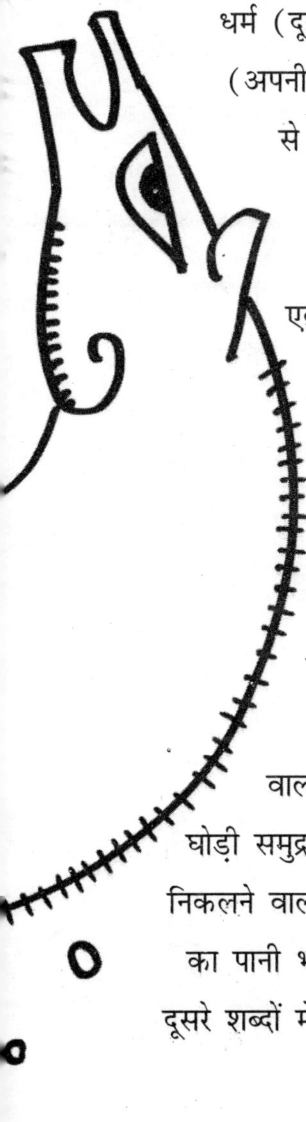

एक बार ऋषि पृथ्वी के राजाओं से बहुत क्रुद्ध हो गये। वे धर्म (दूसरों की देख-भाल) का त्याग करके अधर्म (अपनी देख-भाल) का पालन कर रहे थे। लालच से प्रेरित होकर वे पृथ्वी के संसाधनों को नष्ट कर रहे थे, वनों को जला रहे थे और प्रकृति के सन्तुलन को भंग कर रहे थे। एक ऋषि और्व तो इतने क्रुद्ध हुए कि उनका क्रोध आग बन गया। उन्होंने इस अग्नि में सभी राजाओं को जला देने का फैसला किया। दूसरे ऋषियों ने उन्हें रोक लिया और कहा, "ऐसा मत करो। स्थिति इतनी खराब नहीं हुई है। धीरज धरो। मनुष्य बदलेगा।" तब और्व ने अपने क्रोध की इस अग्नि को एक घोड़ी–साँस से आग उगलने वाली वाडवाग्नि–में स्थानान्तरित कर दिया। यह घोड़ी समुद्र के तल में खड़ी रहती है। उसकी साँस से निकलने वाली लपटें, यह सुनिश्चित करती हैं कि समुद्र का पानी भाप बनकर बादल और फिर वर्षा बन जाये। दूसरे शब्दों में घोड़ी की अग्नि समुद्र में, कभी बाढ़ पैदा

करके उसे धरती पर नहीं आने देती, लेकिन अगर मनुष्य प्रकृति के सन्तुलन को नष्ट करेगा तो यह अग्नि यह नहीं सुनिश्चित करेगी कि समुद्र का पानी भाप बने। इसकी बजाय वह ज्वालामुखी की तरह फट पड़ेगी, पृथ्वी की बुनियाद को ही नष्ट करती हुई। तब समुद्र धरती पर बह आयेगा और पर्वतों को डुबो देगा, सारी मनुष्यता को खत्म कर देगा। जब तक मनुष्य प्रकृति का सम्मान करता है, जब तक मनुष्य पशुओं के घरों को नष्ट नहीं करता, वह वाडवाग्नि के क्रोध से बचा रहेगा। कुछ लोगों का कहना है कि यह घोड़ी विष्णु के अन्तिम अवतार कल्कि का वाहन होगी।

मनुष्य क्या है?

मात्र एक अन्य पशु
जो बहुत-सी कल्पनाओं
से युक्त है!

चर्चित लेखक देवदत्त पट्टनायक की बहुचर्चित पुस्तक

'7 Secrets Of Shiva' **का हिन्दी अनुवाद**

शिव के सात रहस्य

देवदत्त पट्टनायक

हिन्दुओं के अनगिनत देवी-देवताओं में से शिव सबसे अधिक लोकप्रिय हैं। महादेव के नाम से भी जाने जानेवाले शिव, विष्णु और ब्रह्मा के साथ हिन्दू देवताओं के त्रिमूर्ति माने जाते हैं। शिव के अनेक रूप हैं : कहीं तो वह कैलाश पर्वत की बर्फ़ीली चोटी पर बैठे अपने पर नियंत्रण रखनेवाले एक ब्रह्मचारी योगी हैं जो दुनिया का विनाश करने की क्षमता रखते हैं तो दूसरी ओर अपनी पत्नी और पुत्रों के साथ गृहस्थ आश्रम का आनन्द भोगते हुए गृहस्थी हैं। इनमें से कौन-सा है शिव का वास्तविक रूप? माथे पर तीसरी आँख, गर्दन में सर्प, शीश पर अर्द्धचन्द्र, केशों से बहती गंगा और हाथों में त्रिशूल और डमरू—इन सब प्रतीकों का क्या अर्थ है? शिव के अनेक रूप और प्रतीकों के पीछे छिपे हैं हमारे पौराणिक अतीत के अनेक रहस्य जिनमें से सात को समझने का प्रयास इस पुस्तक में किया गया है।

ISBN: 978-93-5064-239-9
पृष्ठ: 232

सभी प्रमुख पुस्तक विक्रेताओं पर उपलब्ध या
इस वेबसाइट से मंगवाएं
www.rajpalpublishing.com

ISBN: 978-93-5064-289-4
पृष्ठ: 192

लेखक देवदत्त पट्टनायक की अन्य चर्चित पुस्तकें

देवी के सात रहस्य

हिन्दुत्व में स्त्री को देवी के समान माना गया है। देश के विभिन्न हिस्सों में देवी के अलग-अलग रूप पूजे जाते हैं। कहीं वह प्रकृति के रूप में माता है, कहीं पर मानवता की स्रष्टा है, कहीं पर ज्ञान की देवी सरस्वती है तो कहीं पर सम्पदा की देवी लक्ष्मी है। इन अलग-अलग रूप के क्या महत्त्व हैं और उस देवी से जुड़े प्रतीक और कर्मकांडों का क्या मतलब है, इन्हीं सब बातों को समझने का प्रयास इस पुस्तक में किया गया है।

ISBN: 978-93-5064-301-3
पृष्ठ: 264

भारतीय पौराणिक कथाएँ

एक रहस्यमय और अनोखी दुनिया से रू-ब-रू कराती है यह पुस्तक और पौराणिक कथाओं की समृद्ध परम्परा की एक झांकी दिखाती है। भारतीय पौराणिक कथाएँ प्राचीन पुराकथाओं के पात्रों की बुनावट को रेशा-दर-रेशा खोलती हैं और यह प्रदर्शित करती हैं कि कैसे इन कथाओं में वर्णित रीति-रिवाजः कर्मकांड और कला अब भी जीवन्त बनी हुई है और आज की पीढ़ी को भी अपनी ओर आकर्षित करती है।

ISBN: 978-93-5064-255-9
पृष्ठ: 208

सभी प्रमुख पुस्तक विक्रेताओं पर उपलब्ध या
इस वेबसाइट से मंगवाएं
www.rajpalpublishing.com